〈やわらかい近代〉の日本
リベラル・モダニストたちの肖像

待鳥聡史・宇野重規○編

苅部 直
趙 星銀
山本昭宏
徳久恭子
青木栄一○著

弘文堂

はしがき

戦後日本には保守と革新の対立が存在したことは常識に属するだろう。この対立は基本的に政治をめぐるものであり、五五年体制前半期の自民党と社会党の競争と重なり合っていたが、実際にはより広く、資本主義と共産主義、封建的と民主的などの似た対比を伴いながら、経済や社会のあり方をめぐっても存在していたように思われる。

しかし、保守と革新の対立という構図は、そのわかりやすさの反面で、多くのことを見えなくしてきたのではないだろうか。

高度経済成長期に入り、人々の暮らしが豊かになる中で体制選択論が意味を失い、政治的には自民党の長期単独政権が軌道に乗ると、戦前回帰的という意味で保守ではなく、体制変革的という意味で革新ではない、〈やわらかい〉考え方が登場することになった。

このような考え方に対しては、保守対革新という固定的構図の下で、見る人によって異なったラベルが与えられ、それぞれの陣営内における異端、あるいは例外的な存在のように扱われることも少なくなかった。

本書は、保守対革新という構図に収まりきらない、自由や平等といった戦後体制の基本的価値を受け入れつつ、その枠内での制度や政策の基本原則の変革を構想し、取り組んだ人々を「リベラル・モダニスト」と呼び、彼らの思想や理念、すなわち「リベラル・モダニズム」を戦後日本の政治・経済・社会の文脈に位置づけようと試みる。

固定的な二項対立ですべてを捉えようとする不毛な思考様式が依然として残る今日、それに収まりきらない思想や理念の豊かさと広がりを伝えることができれば、執筆者一同この上ない喜びである。


小さな論集ではあるが、成立に至る過程では多くの方々のご助力を賜った。

もともと、本書につながる研究会の企画は、国際日本文化研究センターの瀧井一博さんが主査を務められた「グローバル・ヒストリーとしての「失われた二〇年」」というプロジェクトに起源を持つ。このプロジェクトには本書の編者である宇野重規と待鳥聡史がともに参加して、それぞれ大平研究会（大平正芳首相の政策諮問機関の通称）と政治改革についての小論を執筆した。成果書籍である『創発する日本へ——ポスト「失われた二〇年」のデッサン』は登健太郎さんが編集をご担当になり、弘文堂から出版された。それを機縁として、高度経済成長期以降の体制内改革論を包括的に考えるという構想が生まれた。

しかし、それぞれ戦後日本についても研究は行ってきたが、宇野は西洋政治思想史、待鳥は比較政治制度を本来的な専門としており、多様なリベラル・モダニストの姿を明らかにするには到底十分ではなかった。そこで、政治に限らず社会や教育といった観点から広く戦後日本を論じることができる方々にご参加いただき、二〇二一年度から「戦後日本におけるリベラル・モダニズ折からのパンデミックにより多くの制約がある時期だったが、オンライン開催も併用しつつ二〇二四年まで研究会は続き、とくに前半期にはゲスト報告者として清水唯一朗さん、河野有理さん、福間良明さんから知的刺激に溢れたご報告をいただいた。心からの御礼を申し上げたい。研究会の運営にはサントリー文化財団からの寛大な助成を得た。代表者として財団事務局とのやりとりや会計管理をお引き受けくださったのは、研究会メンバーである徳久恭子さんであった。ひとかたならぬご尽力に深く感謝したい。

出版に当たっては、登健太郎さんにたいへんお世話になった。登さんは研究会に毎回出席され、必要不可欠なご助言をくださり、適切な進行管理にも意を注がれた。優れた編集者があって一冊の書物が成り立つという当然の事実を、今改めて実感する次第である。

二〇二四年一一月

編者を代表して

待鳥　聡史

目次

序章　リベラル・モダニストとは何か

待鳥　聡史

一　リベラル・モダニストの位置

二　リベラル・モダニストの軌跡

三　各章の概要

本書では、戦後日本のリベラル・モダニストに関する多角的な検討を行なう。しかし「リベラル・モダニスト」と聞いて、それが何なのかを直観的に理解できる人は少ないであろう。このような言葉には適切な定義の作業が不可欠となる。本章に続く各章は、様々な時期に登場した多くのリベラル・モダニストをとりあげるが、その前にまず、リベラル・モダニストとはいかなる立場の人を指すのか、そこに共有されている立場であるリベラル・モダニズムとは何かについて、素描を行なっておくことにしたい。

一　リベラル・モダニストの位置

幕末開国期以降、日本は何度かの大きな変化を経験してきた。政治権力の担い手と、その正統性の起源だけに注目しても、明治維新によって幕藩体制から雄藩主導の体制に代わり、それはさらに明治憲法体制へと変化した。明治憲法体制下でも、藩閥・元老から政党、軍部へと政治権力の担い手は変転した。そして、第二次世界大戦による明治憲法体制の壊滅は、占領を経て現在まで続く日本国憲法体制を作り出した。そこでもまた、官僚から与党へ、与党から官邸へと、政治権力の所在は何度かの移行を経験している。経済や社会にも、政治と並行した変化があった。

これらの変化における、ほぼ一貫した鍵概念は「近代」あるいは「近代化」であった。そもそも、近代技術を前面に押し出した欧米諸国の砲艦外交への対応として、幕末の開国は行なわれた。

近隣の大帝国である清は近代技術に背を向けて、アヘン戦争（一八四〇〜四二年）に敗北した。そのことは、長崎経由でもたらされた情報により、幕閣や知識人にも早々に知られるようになっていた。アメリカのマシュー・ペリー提督率いる、いわゆる黒船の来航（一八五三年）以前から、「近代」にどう向き合うかは日本の切実な課題だったといってよい。そこでの「近代化」とは、伝統的な秩序や社会経済構造、従来型の生産技術などを、欧米諸国に由来するものへと刷新する試みとして始まった。それは単に欧米諸国の外形を真似るのではなく、ルネサンス以降の合理主義、すなわち宗教的権威ではなく人間の理性や知性とそれに基づく科学技術や秩序形成を重視する立場への接近であった。

しかし、近代化は領域ごとに大きく異なった歩みとなった。幕末開国期から、佐久間象山のように技術面の近代化と精神面の近代化を区別しようとする発想は珍しくなかったが、明治期にはそのような考え方の総称として「和魂洋才」が唱えられるようになった（平川　一九七二）。自然科学あるいは軍事を含む科学技術について欧米諸国に追いつくことができるか否かが、地政学的な意味で日本という国家の存亡を決定的に左右するという認識は、明治期を生きた多くの人々にとって異論の余地がないことだっただろう。その一方で、学術的には人文学・社会科学が担う個々人の精神や心性、その集合体である政治や社会経済構造のあり方については、それを欧米諸国と同じにすることが日本と日本人にとって可能なのか、可能だとしても望ましいことなのか、むしろ致命的な打撃になるのではないか、という懐疑は常につきまとった。

【図0-1】近代日本における精神的・社会的近代化への態度

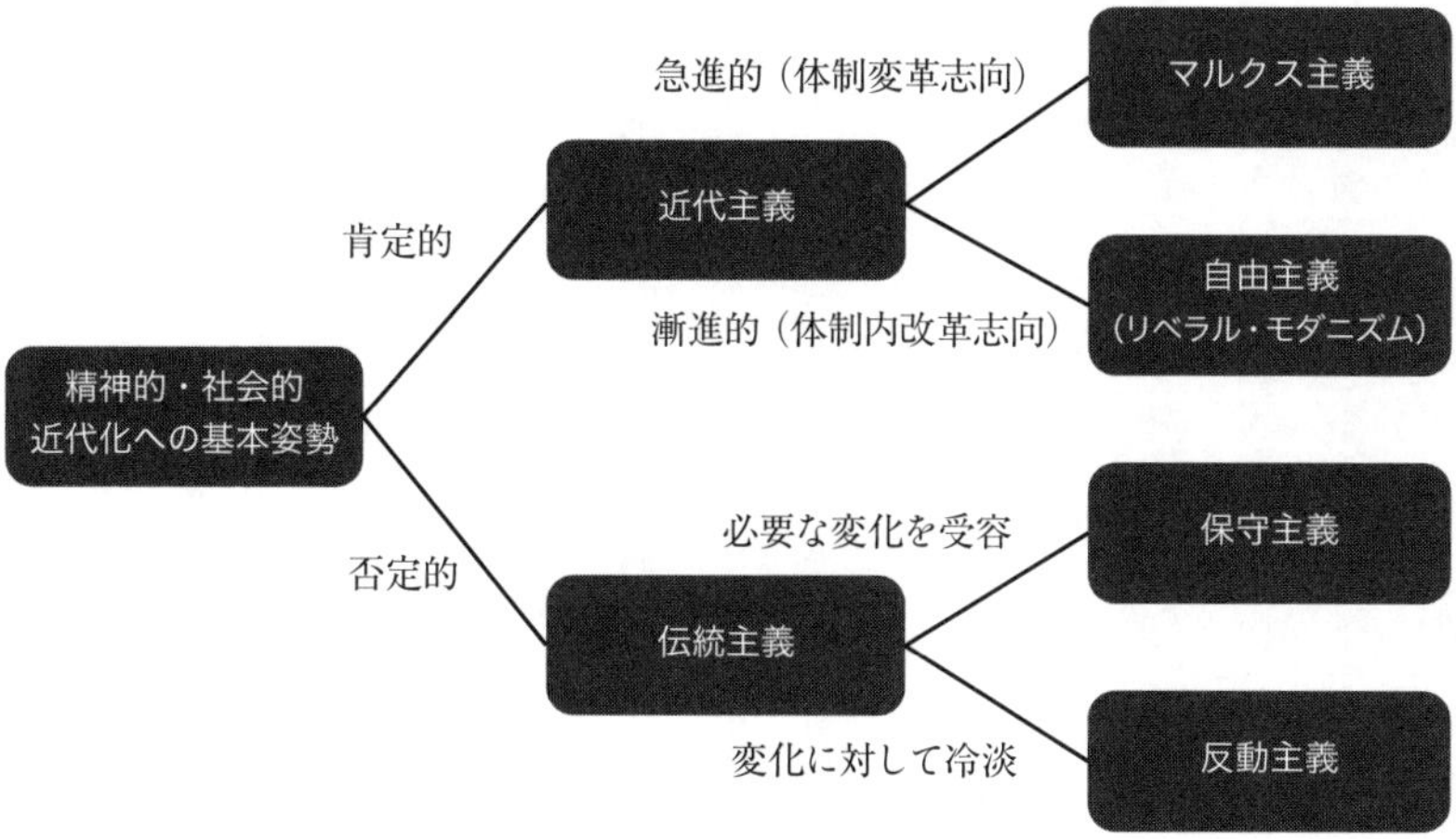

（出典）筆者作成。

その結果として、人々の意識や行動、政治や経済を含む社会のあり方については、いくつかの考え方が併存することになった。極めて図式的であることを承知で、大まかな整理を行なっておこう（図0－1参照）。

まず、近代化に消極的な態度をとる伝統主義と、積極的な態度をとる近代主義に大別することができる。伝統主義は、科学技術の近代化に伴う社会の変容を含めて冷淡な考え方と、自ら積極的に変えようとはしないが、それまでの価値観や社会構造の本質を維持するために必要な変化は受け入れる考え方に区分される[1]。前者をここでは反動主義、後者を保守主義と呼ぶことができるだろう。ドイツを模範国に定め、近代国家としての日本を確立するために明治憲法体制を構築した政治指導者の多くは、明らかに保守主義者であった。

近代主義についても同様に、近代化を通じた抜本的な社会の変化を追求する立場と、部分的な変化の集積を重視する立場に分かれる。前者が急進主義、後者が漸進主義となるが、日本の近代主義の場合にはマルクス主義の影響を考えておかねばならない。

ここでもラフな説明になるが、マルクス主義は、生産手段を持つ資本家や地主と、それを持たない労働者や小作人の間に存在する資本主義的な階級関係が社会構造を規定するという基本認識から出発して、階級関係の変革すなわち革命によって社会構造の全面的な転換を図ろうとするイデオロギー（体系的世界観）である。始祖であるカール・マルクスは近代ヨーロッパ思想史の正統的な系譜の上にあり、革命を通じて実現される社会は個々人が自由に幸福を追求できる空間として想定されている。マルクス主義は近代主義の一翼をなす考え方なのである。

先に述べたように、近代主義は合理性を重視する個々人の意識や行動、およびその集積としての社会が、ヨーロッパ主要国やアメリカで一九世紀半ば頃までに形成されたそれと同様になることを良しとする考え方である。そこでの社会のあり方については、ジョン・ロックに起源を持つ、自律した個々人の自由な幸福追求を実現することが理想とされる。マルクス主義と自由主義の分岐点は、企業努力や技術革新などによって生活の利便性を高める一方で貧富の差も生み出す資本主義を、個人の幸福実現との関係でどう位置づけるのかにある。マルクス主義は先に述べた世界観によって資本主義と幸福追求は両立し得ないと考えるのに対して、自由主義は幸福追求を支える重要な柱として資本主義を位置づけ、その行き過ぎがあれば部分的に是正すべきだと考える。(2)

かくして、近代主義における急進主義はマルクス主義が、漸進主義は自由主義が主に担うことになる。明治期以降の日本にも両者は移入されるが、日露戦争（一九〇四～〇五年）以降の産業革命によって、都市と農村、ホワイトカラーとブルーカラーの間などに生じた経済的格差が著しく拡大したこと、さらにロシア革命（一九一七年）の影響もあって、大正期以降には次第にマルクス主義に依拠した急進的な近代主義が勢いを増していった。自由主義は、イギリスの経験主義哲学を源流の一つとしており、体系性よりもプラグマティックな合理性や妥当性を重視する。そのため、理論的な明快さや首尾一貫性においてマルクス主義に及ばなかったこともあり、大学などの学界でもマルクス主義が優位に立っていた。昭和戦前期の日本では、マルクス主義が近代主義の総代理店的な位置を占めることになり、その傾向は戦後もしばらく続いた。

ただし、自由主義を基盤とする漸進的な近代主義の流れが消滅したわけではない。明治前半期に明六社や福沢諭吉といった論客を得て隆盛を極めた後、明治憲法体制の主流にはならなかったものの、自由主義は在野の有力な立場として存続した。小林一三ら数多くの優れた経済人を生み出した慶應義塾や、石橋湛山らの言論人を輩出した東京専門学校（のち早稲田大学）はその拠点であったが、昭和戦前期には東京帝国大学の河合栄治郎と彼の門下生たちも重要な担い手となった。河合栄治郎の薫陶を受けた猪木正道や関嘉彦は、戦後初期の代表的な自由主義者である。(3) とはいえ、明治憲法体制の正統イデオロギーにして、戦後は自民党の基本理念となった保守主義との関係でも、学界における主流派イデオロギーであり、戦後は社会党と共産党の双方に強固な基盤を持っていたマルクス主義との関係でも、自由主義の立場は脆弱であった。

状況が変わり始めるのは、おおむね一九六〇年代以降のことである。もともと日本国憲法を頂点とする戦後の政治秩序は、普通選挙により公選された国会が「国権の最高機関」すなわちあらゆる政治権力の源泉であると定め、ロックに起源を持つ幸福追求権を基本的人権として明記するなど、近代主義の嫡子としての特徴を帯びていた。経済についても、戦争による人的・物的損害、また財閥解体や農地解放などを通じて戦前の基本構造が解体されたこと、さらに自由貿易を基調とする国際経済秩序への参入を許されたことで、復興から高度経済成長の時期に至ると、相当程度までその姿を変貌させていた。ここに、戦前とは異なる政治行政や社会経済のあり方、すなわち戦後の自由民主主義体制を基本的に評価しつつ、その一層の合理化を図ろうとする立場が登場し始めたのである。本書にいうリベラル・モダニストは、このような立場をとる人々を指す。

(1) 科学技術の近代化によって社会が変容する身近な例としては、洋装の普及により椅子を使う生活が受容されたり、スポーツが習慣化するなど、人々の行動が変わることが挙げられる。
(2) 自由主義の枠内において、再分配政策などを通じた部分的な是正を強調するのが社会民主主義である。
(3) 関については、待鳥(二〇一〇)も参照。

二　リベラル・モダニストの軌跡

リベラル・モダニストがとったのは、伝統的秩序への回帰を志向しないという意味で保守主義ではなく、急進的な体制変革を志向しないという意味でマルクス主義でもない、自由民主主義体制内からの積極的な近代化の推進を特徴とする立場（リベラル・モダニズム）であった。それは、漸進的近代主義と呼ぶことも、政治的な対立軸に引きつけて近代主義右派と呼ぶこともできる。しかし、体制選択論や伝統と近代の対比から引き出せるものが乏しくなった時代という面にも意識を向けて、あえて抽象的な言葉を使えば〈やわらかい近代主義〉だといえるだろう。本書のタイトルも、それに由来する。

体制内改革派として近代化に積極的であること、というリベラル・モダニストの基本的な立場は、次のような具体的特徴をもたらす。

一つは、近代化の焦点が制度の改革や運用変更と結びつきやすいことである。政治体制の変革や、個々人の精神や心性の直接的な変革を試みるのではなく、制度を変えることによって個々人に作用する誘因を変化させ、合理化を図ろうとする。戦後日本の場合、先にもふれたように、体制次元ではすでに近代化は達成されていたともいえる。もちろん、同じ近代主義であってもマルクス主義の立場からは、それはなお不十分であったかもしれないが、リベラル・モダニストはそのような立場をとらない。むしろ、体制次元で近代化されているにもかかわらず、そのもとにある制度やその運用（制度下での行動を含む）の次元での合理化が不徹底であることを課題だと認識するのである。リベラル・モダニストの思考を形容するものとしてしばしば批判的に使われる「社会工学」という用語は、この点に起因するといえよう。

他方でそれは、体制次元の近代化が制度次元で不徹底であることを意図的に放置し、近代化の効果を抑止するといった伝統主義的態度とも異なる。建前と本音の区別のように、幕末開国から一貫して、外形的な近代と内面の伝統あるいは前近代が並立する状態を望ましいとする考え方は存在する。それは、先にふれた和魂洋才の発想として表れることも、公私の区分と結びつくこともあった(4)。集団主義や前近代的共同体主義に依拠した組織への強い忠誠心は、二〇世紀末までの日本型経営や日本型教育を支える大きな柱となっていた。リベラル・モダニストたちは、このような伝統主義に安易に依拠することに総じて懐疑的で、自律した個々人の合理的な選択や行動という近代の擬制に、より忠実であろうとする。

先にも言及したように、リベラル・モダニストは日本の近代主義の一類型であり、戦前から存在していた。当然ながら、戦前・戦中から戦後初期に活動の中心があった人々のなかにも、リベラル・モダニストはいたのである。とりわけ、のちにオールド・リベラリストと呼ばれるようになる人々、すなわち知識人であれば天野貞祐や安倍能成、田中耕太郎など、政治家であれば幣原喜重郎や吉田茂、鳩山一郎などが代表格である(5)。しかし、新憲法体制下での労働運動の高揚、さらに一九五〇年代にサンフランシスコ講和条約や日米安保条約をめぐって左派の批判が強まると、近代主義における急進主義が強まり、リベラル・モダニストは周辺化されていった。岩波書店が戦後刊行を始めた総合雑誌『世界』の変化は、それをよく表している(竹内 二〇一一:二章)。

戦前世代が事実上退場した後、一九六〇年代に入ると、実質的には戦後第一世代に当たるリベラル・モダニストが登場する。具体的には、黒川紀章、高坂正堯、永井陽之助、山崎正和といった人々であり、本書でも多くとりあげられる。全員がそうだというわけではないが、彼らの多くは一九三〇年代に生まれ、戦後の学制改革後に新制大学を卒業している。初等教育は戦中期に、中等教育は敗戦の直前あるいは直後の混乱期に受けており、その記憶は明瞭に持ってはいるが、知識人としての戦争責任を痛感する世代、すなわち丸山眞男の言う「悔悟共同体」の一員ではない。むしろ、敗戦や引き揚げなどに伴う旧秩序の崩壊に直面し、それに続いて新制高校における男女共学の始まりを経験するなど、戦後日本社会の変化と解放感を直接的に体験した世代である。

政治や社会もまた彼らを求めていた。日米安保条約の改定や三井三池炭鉱の労使紛争が終結するとともに、自由主義か社会主義かという体制選択は政治的争点としての意味を失った。加えて、高度経済成長や中選挙区制の効果とも相まって、自民党と社会党の間での政権交代の可能性はほぼなくなった。一九六〇年代以降の新しい政策課題は、国内的には高度経済成長の果実をできるだけ幅広く配分することであり、対外的には冷戦下における自由主義陣営の一員として適切に行動しつつ、敗戦国というラベルをできるだけ取り除くことであった。第二次世界大戦での敗北と戦後改革は反動主義を日本からほぼ一掃していたが、この時期に体制選択論が無意味になったことは、現状批判の着眼点提示や理論研究以外について、マルクス主義の存在意義を大きく低下させた。

従来とは異なる課題は、新しい人材とアプローチの台頭を促す。一九六四年に発足した佐藤栄作政権はそのことを明瞭に意識しており、官邸主導で進めた沖縄返還交渉に高坂や山崎を重用するなど、リベラル・モダニストが政策選択に大きな影響を与えた。[6] 社会学者の竹内洋は、この時期のリベラル・モダニストを、「近代主義／伝統主義」の軸における近代主義、「左派／右派」の軸における「右派」に属する「ニューライト」と呼ぶ（竹内　二〇一一）。本書にいうオールド・リベラリストとの対比で「ニュー」であり、右派という意味で「ライト」なのであろう。理解としては本書の立場に近いが、ニューライト（あるいはニュー・ライト）という言葉は、その一人として挙げられている宮沢喜一が自著『社会党との対話』（一九六五年）の副題に使った言葉である。そこからも明らかなように、左右対立がなお強かった六〇年代という特定の時代状況の理解に重点を置く場合に、より有効な概念であるように思われる。

この時期に登場した戦後リベラル・モダニスト第一世代は、おおむね一九七〇年代まで大きな存在感を示した。政治との関連で言えば、七八年に発足した大平正芳政権が、その最後の輝きであったと考えられる。大平は高度経済成長の終焉、より大きくは幕末開国期以来の「追いつき型近代化」の終焉と、それに続く時代の日本の新しい方向性を打ち出す必要性を認識していた。彼は首相の私的諮問機関として、いわゆる大平研究会を設置し、多くのリベラル・モダニストの参画を得た。もっとも、より視野の広い議論を意図したためであろうか、大平研究会には保守主義に近い立場の論者も相当数含まれていた。八〇年に大平が急逝したことで研究会の成果は具体的な政策にはならなかったが、文化の重視など一部のモティーフは、その後の時代に影響を与えることになる（宇野 二〇一八）。

一九八〇年代になると、政権とリベラル・モダニストの関係はやや疎遠になる。中曽根康弘政権は、初期には高坂を防衛政策のブレインとして活用するなどしたが、大平研究会メンバーのなかで重視したのは、佐藤誠三郎、公文俊平、香山健一の三人であったという（服部 二〇一五）。とりわけ香山と公文は、政権後期の重要課題であった臨時教育審議会での教育改革に深く関与することになる。香山らの立場は時代によって変転しており、少なくとも七〇年代までの立場としてはリベラル・モダニストだと考えることができるが、八〇年代には「日本型」を強調するようになるなど、伝統主義的な傾向も強めるようになっていた[7]。山崎が指摘するところの「開国派と鎖国派」への分岐である（御厨ほか 二〇一七）。それに対して基本的な立場を変えなかった高坂や山崎は、現実政治への関与は一時期ほどではなくなり、学術的な国際共同研究やサントリー文化財団の運営などに活動の中心を移していく。また、経済学者の村上泰亮のように、年齢的には第一世代に属しつつ主にこの時期に社会的発信を強めたリベラル・モダニストもいた。

この時代は、戦後日本の経済的繁栄が頂点に達した時代でもあった。一九七九年にはエズラ・

ヴォーゲルが書いた『ジャパン　アズ　ナンバーワン――アメリカへの教訓』(原題は*Japan as Number One: Lessons for America*) という著作が公刊とほぼ同時に、八二年にはチャルマーズ・ジョンソンの『通産省と日本の奇跡』(原題は*MITI and the Japanese Miracle: The Growth of Industrial Policy, 1925-1975*) もやはり時を置かずに邦訳出版された。いずれも、マクロ経済レヴェルでの官民協調、ミクロな企業行動レヴェルでの日本型経営を、戦後復興から高度経済成長を経て主要国入りする鍵だと論じていた。住宅事情の悪さなどはあっても、人々の生活実感の向上も明らかであった。「経済一流、政治三流」といった表現も登場し、成功した経済界、清廉な官僚制に比べて、政権交代がないままに政治腐敗や利益誘導が絶えない政治こそが日本の課題であるという認識は強まっていった。

そのような認識を最も明晰に言語化したのが、一九八七年に公刊された、佐々木毅『いま政治になにが可能か』であった。日米経済摩擦に伴うアメリカからの圧力が、利益誘導政治に飽和し秩序形成能力を失った日本政治への「横からの入力」になっているという指摘は、新書という入手しやすい媒体で出版されたこともあって、経済界やマスメディアを含む広範な層に読まれることになった。さらに、八九年にベルリンの壁が崩壊して冷戦が終結したことは、国際秩序を流動化させ、日本が外交・安全保障についても自ら判断せねばならない局面が増えることを意味していた。佐々木が指摘していた日本政治の機能低下は、九一年の湾岸戦争において白日のもとに晒される。

『いま政治になにが可能か』の刊行以降、リベラル・モダニストは戦後第二世代へと世代交代すると言ってよく、彼らは一九九〇年代から二〇〇〇年代初頭の「改革の時代」をリードしていくことになる（待鳥　二〇二〇）。そこでは佐々木や西尾勝、佐藤幸治、藤田宙靖らの学者たち、松井孝治ら改革派官僚（その一部はやがて政治家となる）、小林陽太郎や牛尾治朗らの国際派経済人、そして小沢一郎や橋本龍太郎ら自民党中枢にいた経験を持つ政治家が、選挙制度・行政・地方分権・司法など広範囲にわたる制度変革を進めた。それは明らかに統治機構の全面的な刷新であり、実質的意味の憲法改正だったと考えて差し支えないだろう。

改革は二〇〇一年に発足した小泉純一郎政権の時期にまで及んだため、小泉政権期にマクロ経済政策の転換を主導した竹中平蔵や、彼の主張する新自由主義が「改革の時代」の原動力だと見なされることも珍しくない。確かに、新自由主義が強調する市場経済での自己責任論は、近代主義が想定する自律した個人による自己決定という人間像と通じる面がある。(8) しかし、選挙制度改革の結果として二〇〇九年の民主党政権（本格的な中道左派政権としては一九四七～四八年の片山・芦田両政権以来）が誕生したように、リベラル・モダニストによる政治改革は特定の経済政策と結びつくわけではない。

小泉政権が二〇〇六年に終わった頃から、「改革疲れ」という言葉が聞かれるようになった。実際には統治機構改革の流れはなおも継続しており、第二次安倍政権期の二〇一四年に国家安全保障局と内閣人事局が創設されたことは、九〇年代からの制度変化の方向性がなお保たれている

【表0-1】リベラル・モダニストの時代ごとの整理

時期（主要関心事）	位置づけ	代表的論者（分野）
1940年代後半〜50年代 （体制選択の時代）	オールド・リベラリスト	天野貞祐（哲学・教育学）、 **和辻哲郎**（哲学） 田中耕太郎（法学）など
戦前世代の退場による世代交代		
1960年代〜70年代 （高度経済成長の時代）	戦後第一世代	**山崎正和**（美学）、 **永井陽之助**（政治学）、 **黒川紀章**（建築）など
中曽根政権期（1982〜87）の中断と世代交代		
1980年代〜2000年代 （改革の時代）	戦後第二世代	**佐々木毅**（政治学）、 佐藤幸治（法学）、 小林陽太郎（経済人）など
「改革疲れ」の顕在化による中断（伏在化）		
現在 （？）	戦後第三世代（？）	「令和臨調」（？）

（出典）筆者作成。**太字**は本書各章で主にとりあげられている人物。

ことを示している。しかし、経済界や言論界を巻き込みながら超党派の改革を進める機運は、今日失われていることは否定できない。二〇二二年に佐々木らが「令和臨調」を創設しており、そこから戦後第三世代のリベラル・モダニストが台頭する可能性はある。だが、現時点でそれが有力な潮流となることまで想定するのは難しいというべきであろう（表0-1参照）。

（4）実際にも、たとえば『サザエさん』の波平のように、仕事中にはスーツにネクタイを締めているが、帰宅後には和服に着替えるといった行動は、高度経済成長期の前半までは、ごく一般的な光景であった。

（5）オールド・リベラリストの代表格である田中耕太郎についての優れた成

果として、牧原（二〇二二）。

（6）佐藤自身、旧憲法下では政治家としての経歴を持たない人物であった。若手リベラル・モダニストの登用には、楠田實首相秘書官の果たした役割が大きい。

（7）この点を強調すると、中北（二〇一四）のように、現在まで続く自民党の右傾化の起点に一九八〇年代の香山を置くことになる。

（8）新自由主義のルーツには古典的自由主義がある以上、それは当然である。

三　各章の概要

ここまで述べてきたリベラル・モダニストの位置づけを共有しつつ、以下の各章では個別テーマに関する具体的な検討がなされる。登場する人物に言及しながら、章ごとの概要をごく簡単に紹介しておこう。(9)

第一章（苅部直）では、先に述べた区分で言えばオールド・リベラリストの世代に属する、和辻哲郎、丸山眞男、小林秀雄をとりあげている。彼ら戦前から活動していた知識人にとって、一九四〇年代後半から五〇年代の言論における主たる関心事は、敗戦と占領、そして戦後改革を個々人がどう受け止めるか、日本社会がいかに受容するかにあった。そこでの鍵概念は「鎖国」と対比される「開国」である。敗戦と占領が日本の「開国」経験の一つであったことは間違いなく、そこでは「開かれた社会」や個々人の「かけがえのなさ」といった近代主義的価値が望ましいとされたはずであった。

冷戦初期の体制間競争とその国内的波及による近代主義的価値の毀損に抗うべく、彼ら知識人は一九五〇年代に多様な「人間とその秩序をめぐる諸構想」を提出する。しかし、この時期から次第に見え始めた高度経済成長の兆しは、オールド・リベラリスト世代には予想がつかない形で急速に新しい状況を生み出していく。六〇年の日米安保条約改定をめぐる社会運動の高揚とその短期間での退潮は、「日本の社会運動や思想の動向は、冷戦構造と階級対立の単純な図式によっては割り切れない、複雑で不定形なものになってゆく」ことを示唆していた。それは、〈やわらかい近代〉の新しい課題に取り組む新しい世代の登場を求めるものでもあった。

リベラル・モダニストの戦後第一世代を代表する論客、永井陽之助を論じるのが第二章〈趙星銀〉である。永井は東大法学部卒、北海道大学や東京工業大学の教授を務めた政治学者である。その多岐にわたる研究活動は、初期が政治心理学、中期以降が国際政治学を中心としているが、これらを連関させながら彼の思想を跡づけようとする試みは長らく乏しく、近年ようやく本格化しつつある。

趙は、初期の政治心理学的基盤、すなわち個々人の心理や認識が国際政治における選択に影響すると考えた永井の思考を析出しつつ、一九六〇年代後半に大学紛争が激化した際に彼が提出した「柔構造社会」概念に注目する。それは「既成権威の揺らぎと価値観の混乱によって若者の成熟が阻害される現代社会の独特な構造」であり、第一章で苅部が注目した「複雑で不定形」な社会運動や思想のあり方とも直接的につながっている。そこでは若い世代が、既成の価値観や年長世代の権威に対して、絶望的なまでに手応えのない抵抗や「ゲリラ」を続けざるをえない。抵抗の対象である価値観や権威も揺らいでおり、そうでありながら抵抗を無限に吸収してしまう社会構造になっているからである。近代主義に依拠しつつ、そのような手応えを得づらい時代への対処策を、より伝統的な「「英知」(sophia)と「慎慮」(prudentia)の能力」に求めようとするところにこそ、永井の真骨頂があった。

永井より若く、しかし重なり合う時期に積極的な社会的発信を行なったのが、建築家の黒川紀章である。第三章(山本昭宏)は、黒川が建築を通じて表現しようとした未来学・社会工学的な思想に注目しつつ分析を行なう。黒川は京大工学部、東大大学院工学研究科で建築を学んだが、より強い影響を受けたのは大学院時代の師である丹下健三からであり、丹下を含む有力建築家たちが当時提唱したメタボリズム(新陳代謝の思想)であった。

一九六〇年代、高度経済成長に伴って交通渋滞や地域開発など工学的アプローチを必要とする社会問題が顕在化していた。また、産業革命以来の一方向的な工業化や都市化を望ましいとする思想にも、疑問が呈されるようになった。まさに〈やわらかい近代〉の要請から社会工学が生まれ、今後の社会基盤を情報や知識に求めつつ、それに見合う近未来的な都市や建築の構想が唱えられたのである。黒川は社会工学的思考に共鳴し、七〇年の大阪万博でのメタボリズム建築によるパビリオン設計に携わるのと前後して、メタボリズムに依拠した「ホモ・モーベンス(動民)」

という概念を提示した。そして、ホモ・モーベンスの居住空間として彼が提唱したのが「カプセル」であった。

黒川に代表されるように、戦後第一世代のリベラル・モダニストの多くが一九七〇年代までに社会的活動のピークを迎えていたのに対して、同じ世代でありながら八〇年代に注目を集めたのが、第四章（宇野重規）が注目する村上泰亮である。彼は一九三一年二月生まれなので、二四年九月生まれの永井より年少だが、三四年四月生まれの黒川より年長である。しかし、村上は六〇年代以降に日本の経済学（当時の言い方では近代経済学）が研究成果の国際学術誌での公表へと向かう過程における旗手であった。そのため、一般読者向けの著作の大半は七〇年代半ば以降に書かれた。

宇野は、この時期以降の村上の言論活動を、同世代の山崎正和と並列し対比しながら、高度経済成長後の新しい産業社会への肯定と批判という困難な「両面作戦」を目指したものとして捉える。村上や山崎は〈やわらかい近代〉の特徴を的確に把握することに成功し、それに適合的な制度論や政策論を展開したことで高く評価されたが、他方では時代に対する危機意識も強く持っていた。宇野によれば、彼らには「思想家としての本質的資質と、同時代的な評論家としての役割の間に、矛盾と緊張が潜在していた」のである。そして、そのことが村上の議論にペシミスティックな要素を与えていると指摘する。

一九八〇年代には、戦後日本の別の重要な基盤であった、家族や教育といった領域にも変化が生じ始めた。それらは、リベラル・モダニストが思考を十分に徹底しなかった領域であった。いわゆる「天下国家」を論じることを重視した当時の時代状況も大きいであろうが、家族や教育は、公私の峻別や個人の重視という近代主義の基本的な発想ではそもそも扱いづらい領域だったことも確かである。かくして、リベラル・モダニストという枠組みに収まりきらない論客であった、香山健一が大きな役割を果たすことになる。香山は三三年生まれ、五〇年代には東大学生運動に、六〇年代半ばからは社会工学や未来学に、それぞれ深く関与した。

まず第五章（徳久恭子）においては、村上泰亮や山崎正和らのリベラル・モダニストと香山健一を比較しつつ、この時期以降の家族観に注目する。香山が自民党総裁選挙に立候補する大平のために作成した基本政策では、新しい産業社会のもとでこそ「家庭を中軸とする日本型福祉社会」が必要だとされた。この考え方は、八〇年代に入ると福祉や介護の家族主義や、性別に基づく家庭内役割分業を重視する方向へと展開する。

この時期の香山の思想は保守主義として位置づけるのが一般的だが、徳久が指摘するように、〈やわらかい近代〉あるいは新しい産業社会の課題への対応という認識そのものには山崎や村上との通底も見いだせる。ここにはおそらく、香山自身の複雑な思想遍歴や多面性が反映していた。だが、新しい産業社会の課題に対応するために香山が注目するのはやはり性別役割分業を前提とした近代家族像であり、消費を切り口として個人主義の重視へと向かう山崎らとは明らかに異なる方向性であった。一九八〇年代以降の現実の政策には、経済や財政に役立つ範囲において、かつ中曽根以降の自民党が受け入れ可能な方向性として香山のような見解が重視されることとなり、起こりえた別の方向性、すなわち個人を出発点とする家族像の可能性は、少なくともいったん閉ざされた。

中曽根政権期の一九八四年から活動した臨時教育審議会（臨教審）に注目しつつ、教育政策の理念的変化を分析するのが、第六章（青木栄一）である。臨教審は、従来の文部省（中央教育審議会＝中教審）主導ではなく、首相主導によって教育政策を展開する嚆矢となったとされる。

臨教審は「教育の自由化」を正面から主張した点でも注目されるが、その理論的基盤を提供したのは、やはり香山健一であった。彼は、家族をめぐる議論では保守主義的であり、教育をめぐる議論では自由主義的であるという役回りを、同時代に担っていたのである。これら二つの立場は、一見したところ矛盾するようにも思われる。だが、香山が一九七〇年代に「グループ１９８４年」の一員として福祉国家や過剰な物質主義を批判する「日本の自殺」を発表したこと、さらに先にもふれたように、新しい産業社会を正面から受け止めた点で村上泰亮や山崎正和に通じる要素があったことを想起すれば、決して矛盾なく理解できよう。香山の見解は体制内改革の域を超えており、臨教審そのものは大きな成果を得られずに終わったが、彼の議論は新しい方向性に目を向けさせる契機となった。教育改革は、他の領域での改革が進められた九〇年代以降に行なわれることになるが、彼の考え方はそこでの「伏流水」として今日まで続いていると青木は論じる。

一九八〇年代は、リベラル・モダニストにとって逼塞の時代であった。香山のように、リベラル・モダニズム以外の理念も併用できる場合を除けば、制度論や政策論は言説空間内にとどまり、現実政治に影響を与えることはできなかった。しかし八〇年代末以降になると、冷戦の終結やグローバル化の進展といった国際環境の変化、さらにバブル景気とその崩壊といった国内社会経済環境の変化により、再びリベラル・モダニストが台頭する時代が到来した。九〇年代は「改革の時代」となった。

この時代には、選挙制度改革を皮切りとする政治改革、行政改革、司法改革などの公共部門の諸改革、さらには規制改革や企業統治改革など民間部門にも及ぶ制度変革が推進された。第七章（待鳥聡史）は、これらの改革を理念的に支えた政治学者・佐々木毅をとりあげる。佐々木は一九四二年生まれ、六〇年の安保紛争の直後に東大に入学し、六八年に東大法学部助教授に採用されて、最若手教官として学生運動の激しい高揚に直面した経験の持ち主であった。彼は「イデオロギー過剰はそろそろ終わり」だという時代認識を持つ点で〈やわらかい近代主義〉に連なり、ニコロ・マキャヴェッリの政治思想を最初の研究テーマにするなど、新しい時代の課題への応答として政治権力を使いこなすことに関心を寄せていた。

リベラル・モダニストとしての佐々木の思考は、一九八〇年代における五五年体制の爛熟、すなわち利益誘導政治に没頭する自民党と、それを批判しつつも自らは決して権力を担おうとしない野党の姿を目の当たりにしたときに、現実政治を改革する理念へと結晶化する。彼は理念から現実を論じたがゆえに包括的な改革を教導することができたが、そのことがやがて改革に大きな課題をも生じさせたのである。

これら各章の議論を踏まえて、終章（宇野重規）においては、戦後日本のリベラル・モダニズムを戦後日本の社会と思想のより大きな構図に位置づけるとともに、今後の展望が示される。本書がとりあげるリベラル・モダニズムが、今日なお同時代性を持つことが明らかになるであろう。

（9）以下の本節において、カギカッコ内に示した文や用語は、原則として当該章からの引用である。

参照文献

宇野重規（二〇一八）「戦後保守主義の転換点としての一九七九～八〇年――大平報告書・再読」アンドルー・ゴードン・瀧井一博（編）『創発する日本へ――ポスト「失われた二〇年」のデッサン』弘文堂。

竹内　洋（二〇一一）『革新幻想の戦後史』中央公論新社。

中北浩爾（二〇一四）『自民党政治の変容』ＮＨＫブックス。

服部龍二（二〇一五）『中曽根康弘――「大統領的首相」の軌跡』中公新書。

平川祐弘（一九七一）『和魂洋才の系譜――内と外からの明治日本』河出書房新社。

牧原　出（二〇二二）『田中耕太郎――闘う司法の確立者、世界法の探求者』中公新書。

待鳥聡史（二〇一〇）「ある社会民主主義者の見たアメリカ――関嘉彦文書を手がかりとして」『法学論叢』一六六巻六号。

――（二〇二〇）『政治改革再考――変貌を遂げた国家の軌跡』新潮選書。

御厨貴・阿川尚之・苅部直・牧原出（編）（二〇一七）『舞台をまわす、舞台がまわる　山崎正和オーラルヒストリー』中央公論新社。

第一章　「開国」をめぐるトリアーデ

——和辻哲郎・小林秀雄・丸山眞男

苅部　直

一　『鎖国』と平和運動
二　三たびの「開国」について
三　「開いた社会」と六〇年安保

一　『鎖国』と平和運動

「第三の開国」。日本のジャーナリズムではとりわけ一九九〇年代から、盛んに使われてきた言葉である。主として経済のグローバル化、海外からの来訪者・移住者の増加、さらに二〇二〇年代の現在ではIT技術の急速な進歩といった、同時代における社会の大きな変化を指して、そう言われる。この場合、徳川末期において公儀が従来の「鎖国」政策を放棄したことと、それに続く西洋文化の受容を指して「第一の開国」、大東亜戦争の終戦後に実現した政治・社会の変革を「第二の開国」と呼ぶことが多いようである。

なぜ現代の日本人は、みずからが生きる社会が激しい変化にさらされるようになったとき、「鎖国」と「開国」の二項対立の論法を用いたがるのか。思想史の探究課題としては、広い視野で検討してみるに値する、興味ぶかい主題であろう。その全体像については今後の研究の進展を待たなくてはいけないが、とりわけ戦後になって、「鎖国」「開国」の言葉が広く用いられるようになったさい、重要なきっかけを作った書物は特定できる。哲学者・思想史家として活躍した和辻哲郎による大部の著書『鎖国——日本の悲劇』（筑摩書房、一九五〇年四月刊）である。

『鎖国』は、終戦直後に発表した論文「人倫の世界史的反省——序説」（『思想』一九四六年三・四月合併号）を「序説」として再録し、戦後に創刊された筑摩書房の総合雑誌『展望』（一九四七年三月号〜四八年八月号）に一五回にわたって連載した「世界史的視圏の成立過程」、さらにその続篇にあたる論文五本（『展望』一九四九年五月号〜五〇年一月号に初出）を一冊にまとめあげて成った作品。刊行の翌年、一九五一（昭和二六）年の五月に読売文学賞の文学研究賞を授けられているが、選考委員の一人であった豊島與志雄《とよしま》による選評は「本書が読売文学賞のワク内にはいるかどうかという説が、実はあった」という微妙な言い方をしている（読売新聞、同年五月一四日朝刊）。連載と単行本の題名から想像される通り、文学研究というよりも、世界史のなかに日本の中世・近世を位置づけて、文明史の叙述を試みた著作である。

この本の「序説」は「太平洋戦争の敗北によって日本民族は実に情ない姿をさらけ出した」と始まる。そこで和辻が説くところによれば、「日本民族」は、世界中から進んだ文化をとりいれようとする「優秀な面」を持っていると同時に、「直観的な事実にのみ信頼を置き、推理力による把捉を重んじない」という弱所を抱えていた。豊臣秀吉によるキリスト教宣教師の追放に端を発し、徳川家康が確立した「鎖国」の体制は、前者の側面が社会全体で旺盛に発展することを阻み、後者を肥大させることになった。さらに昭和初期に「合理的な思索を蔑視して偏狭な狂信に動いた人々」が跋扈した結果として、敗戦と連合国による占領という「悲境」を生んだのである（和辻　一九六二：一五。ただし『鎖国』からの引用は初刊本による。以下同様）。――それが和辻の言う「日本の悲劇」であった。

しかし『鎖国』は、日本人は劣等民族だから、無謀な戦争を始めた結果として、他国の占領下に置かれるのが必然だったと説く書物ではない。むしろ、戦国時代から織田信長政権にかけての日本の歴史に、「優秀な面」が成長する可能性を見ている。和辻の考えでは、応仁の乱以降の戦国時代は、経済の発展を基盤として「民衆の組織や民衆の力の自覚」が進んだ時代であった。そこでは「土一揆」の結成が横行したことに見られるように、「民衆」が「一揆」や「町」の自律的な組織を作り、そのエネルギーを基盤として「新興武士層」が成長したために、鎌倉時代以来の「名ある武家」は亡んでしまい、実質的な支配層が交代したのである（和辻　一九六三：二四五）。

そして戦国時代の人々は、能楽・茶の湯・連歌といった「日本文化の独自の特徴を示すもの」を創造し、歌舞伎や人形浄瑠璃のような「次代の創造」についてもその基礎を築いていた。戦乱と無秩序に悩まされる時代でもあったが、「闇黒な時代」では決してない。それは「創造的な時代、積極的な時代」であり、そうしたエネルギーを背景として、戦国時代の日本人は、積極的に海外へ進出し、貿易を盛んに行なったのである（和辻　一九六三：二二四〜二二五）。同時代の西欧諸国は、大航海時代の到来とともに、合理的な科学を発展させようとする時代であった。織田信長がキリシタンの宣教師たちを庇護したことに、「世界についての新らしい知識」を積極的に求める当時の日本人の傾向を、和辻は見いだしている（和辻　一九六三：四四八）。

しかし、このような「民衆」の自律的組織、および「未知の世界への探求心や視圏拡大の要求」（和辻　一九六三：五一二）は、豊臣秀吉によって押しつぶされてしまい、やがて徳川政権による強固な身分制支配と、キリスト教の布教を禁ずる「鎖国」の体制が完成する。もしもこの時代に「鎖国」の措置が採られなかったならば、日本人は、近代西欧の学問において目ざましく展開した「合理的思考の要求」を同時代において受けとめ、さらなる文化の「新しい創造」を徳川時代にも続けていたのではないか（和辻　一九六三：五四七）。そういう問いで、『鎖国』は一冊全体の議論を終えている。

『鎖国』は和辻の著書のなかで、評判が芳しくない一冊でもあった。鶴見俊輔はインタヴューのなかで、もしも、エンリケ航海王の視界拡大の精神を賞賛した「『鎖国』という本を昭和十八年に書いていたとしたら、私は和辻哲郎を認めます」と批判している（鶴見　一九八一：一五）[1]。実際には、非合理的な「日本精神」論や「忠孝一致」のイデオロギーを批判し、西洋の合理的な科学精神を学び続けるべきだと説く主張を、支那事変・大東亜戦争の時期においても和辻は公表していた（苅部　二〇一〇：二〇二）。古川哲史の「解説」によれば『鎖国』の構想も、すでに戦争中、一九四五（昭和二〇）年三月に東京帝国大学文学部倫理学研究室で始めた「近世というものを初めから考えなおしてみる」研究会から生まれたものである（和辻　一九六三：五六三〜五六六）。したがって、戦後の新しい社会に順応するために主張を変えたわけではない。

だが、昭和期には和辻自身が他方で、西洋とりわけ「アングロ・サクソン」の近代思想に見える個人主義の人間観や、経済的利益ばかりを追求する傾向を批判していた。『鎖国』が賞賛している「合理的」な科学精神は、近代思想のそうした特徴とも結びついているはずであるが、二つの側面をどう関係づけるかについては、曖昧なままである。鶴見の批判は、実際にはそうした点に向いていたのだろう。『鎖国』の岩波文庫版が一九八二(昭和五七)年に上下二冊で刊行されているが、下巻に寄せた「解説」で生松敬三は、「著者の厳しい自己批判の契機が脱落している感を否めない」と記し、村松恒一郎、湯浅泰雄、梅原猛といった諸家の批判を紹介している(和辻一九八二:三一九〜三二二)。岩波文庫の解説目録で「日本の知的悲劇が活写された名著」と謳われたにもかかわらず、辛口の解説が書かれてしまう書物であった(岩波文庫編集部 二〇一七:七八)。

その内容に関する評価はともかくとして、『鎖国』については、発表された時代との関わりが興味ぶかい。初出論文の執筆を終え、単行本の刊行に至る期間は、和辻が知識人による平和運動に積極的に加わっていた時期であった。すでにアメリカ合衆国とソヴィエト連邦との両陣営の間で冷戦が始まっていた一九四八(昭和二三)年七月、ユネスコの委嘱に基づいて、アメリカ、ブラジル、フランス、カナダ、ハンガリーの八人の科学者が、東西のイデオロギーの対立をこえ、平和を確保しようとする声明を出した。岩波書店の雑誌『世界』の編集長、吉野源三郎は、日本でもこれに呼応する知識人集団を作り、声明を国際社会にむけて発信しようと考える。そして発足した「平和問題討議会」に、いわゆるオールド・リベラリストの代表として、和辻は安倍能成や田中耕太郎とともに加わったのである。同年一二月に開かれた討議会の議事録には和辻の発言も記されており、作成された「戦争と平和に関する日本の科学者の声明」とともに、『世界』の翌年三月号に載っている。

そして日米両国の間で講和と占領の解除、独立をめぐる交渉が始まると、この知識人集団は「平和問題談話会」に改称し、東西両陣営に属する対戦国すべてとの講和を求める全面講和論を展開することになる。第二次声明「講和問題についての平和問題談話会声明」（『世界』一九五〇年三月号）、第三次声明「三たび平和について――平和問題談話会研究報告」（同年一二月号）に至るまで、和辻は参加している。

この第三次声明の準備が進められているさなか、一九五〇（昭和二五）年の六月に朝鮮戦争が始まり、冷戦状況はさらに激しくなる。そうした状況を背景として、翌年のサンフランシスコ講和会議では、西側すなわち自由主義陣営の諸国のみが参加する多数講和（単独講和）の形で、日本の独立が実現したのだった（座談会「「平和問題談話会」について」丸山　一九九八b：九九〜一六四、吉野二〇一一：二三七〜二五二）。講和会議の直前に執筆した「ソヴィエトの責任」（『世界』一九五一年一〇月号）で和辻は、全面講和論を支持する自分の立場は変わらないと述べ、ソ連が講和会議に出席することに、ぎりぎりの希望をかけている(2)。

当時の和辻の国際情勢観を示す文章として、やはり朝鮮戦争の勃発の直後に書かれた「われわれの立場」がある。『中央公論』一九五〇年一〇月号の巻頭論文であった。そこで述べられるのは、「一つの世界が出来上つたかのやうに感じたのは一時の幻であつて、現実の世界は真二つに割れてゐる」という苦い現実認識である（和辻　一九六二：四八二。引用は『埋もれた日本』初刊本による）。大東亜戦争の敗北という悲運の他面で、国際連合が発足し、戦争の放棄を謳う日本国憲法が成立したことは、世界史が新しい時代に入ったという希望を、「われわれ」日本国民に抱かせた。しかし二年半ほどで冷戦が始まり、朝鮮戦争が世界大戦に拡大するのではないかという不安が、日本社会を覆っている。「全面講和を妨げているのは共産主義国である」と和辻は指摘し、国内冷戦の展開によって日本の世論が分裂に導かれることを深く憂慮するのであった。

『鎖国』に述べられた和辻の考えでは、戦国時代が第一の開国、徳川末期・明治初期が第二の開国ということになる。そして日本が占領されたまま冷戦が始まる状況では、一九四五年を第三の開国の機会として謳歌する気にはなれなかっただろう。「日本の悲劇」はまだ進行中だったのである。

（1）鶴見自身の文章としては、「世代から世代へ」（一九八〇年初出）に、「敗戦後の日本にあって、かつての鎖国をなげくよりも、むしろ、鎖国によって生じた日本文化（彼の言う「鎖国状態」）の粘着力を杖としてたちあがることを説くべきではなかったか」という批判が見える（鶴見　一九九二：三二二）。また、一九八五（昭和六〇）年の丸山眞男との対話記録に、和辻の著作のなかで「私〔鶴見〕が最も失望したのは『鎖国』ですよ。もっといいこと書いてあると思ったんだ（笑）。あれがベストセラーになって岩波文庫に入ってるでしょ。ああ、おそろしや」という発言がある（丸山　二〇〇五：二三〇）。後者の発言の所在は、西村稔「知識人と「教養」――丸山眞男の教養思想」第三回の、第二章第二節（a）「学問とイデオロギー」の注12に見える紹介を通じて知った（西村　二〇一五：七四）。ただしこの注は、『丸山眞男の教養思想――学問と政治のはざまで』に再録されたさいに削られている（西村　二〇一九：一七〇～一七一）。また、思想史研究の視点からする『鎖国』の批判的検討として、窪田高明「日本倫理思想史の根拠」（佐藤ほか　一九九九所収）、高橋文博『近代日本の倫理思想――主従道徳と国家』（高橋　二〇一二）第五章、津田雅夫『増補　和辻哲郎研究――解釈学・国民道徳・社会主義』（津田　二〇一四）第九章がある。

（2）「ソヴィエトの責任」は、『和辻哲郎全集』（岩波書店）には未収録。また、全集第二四巻の「著作年表」は、

『埋もれた日本』（新潮社、一九五一年九月）に収められた「民族的存在の防衛」を「発表年月日・発表紙不詳」としているが、掲載紙は読売新聞、一九五一年一月一日。初出での題名は「平和の防衛」であった。

二　三たびの「開国」について

平和問題談話会による声明「三たび平和について」の内容の中核をなす、国際政治論と非武装中立・全面講和の方針を示す第一章・第二章の執筆を担当したのは、当時はまだ三六歳だった政治思想史家、丸山眞男であった。丸山は徳川時代・明治時代の思想史研究から研究者生活を始めているが、東京帝国大学法学部の助手を務めていたころ、文学部で開講されていた和辻の「日本倫理思想史概説」の講義を聴いている。指導教官であった南原繁が、開講されている日本思想史関係の講義はすべて出席するように指示したからであり、聴講ノートが、現在は東京女子大学の丸山眞男文庫に収められている（苅部 二〇一七：七二）。

丸山は、一九八五（昭和六〇）年に行なった鶴見俊輔との対話のなかで、「ぼくは、和辻さんと戦後も話したんだけど、あの人がいちばん敵視してるのは井上哲次郎なんです」と述べている（丸山 二〇〇五：二二八）。戦後に話した機会とは、平和問題討議会・談話会の会合における休憩時間か、あるいは著書『日本政治思想史研究』（一九五二年）によって、一九五三（昭和二八）年一一月に毎日出版文化賞の人文・社会部門を授けられたさいの贈呈式における会話を回想して、そう語ったのだと思われる。

このときには、丸山が聴いた講義も原型の一つとしてまとめられた和辻の著書、『日本倫理思想史』上下巻（一九五二年）が同時に受賞している。井上哲次郎による徳川思想史研究の三部作、『日本陽明学派之哲学』（一九〇〇年）、『日本古学派之哲学』（一九〇二年）、『日本朱子学派之哲学』（一九〇五年）を、丸山は『日本政治思想史研究』で先行研究として挙げ、東京大学法学部における「東洋（日本）政治思想史」講義でも学生に紹介している（丸山　一九九九：九）。井上の国民道徳論に対する批判から出発した和辻にとっては、この三部作を学問的な業績として挙げることは、許しがたかったのだろう(3)。

「三たび平和について」の討議と声明発表が行なわれてから八年後に、和辻哲郎と丸山眞男がともに執筆している論文集が刊行された。筑摩書房を版元とする『講座　現代倫理』全一二巻の第一一巻（一九五九年一月）、主題は「転換期の倫理思想（日本）」である。そこに丸山は思想史の研究論文「開国」を執筆し、各巻に大家の執筆者が寄せている「特別寄稿」として、和辻の「日本古来の伝統と明治維新後の歪曲について」が掲載されている。丸山の論文は徳川末期・明治初期における「開国」時代の精神状況を、和辻の論文は「明治維新」を転機として、紀年法、「宮城」、天皇の服装など、皇室をめぐる諸制度が新たに創出されたことをそれぞれ扱うもの。ともに、徳川時代から明治へと至る「転換期」の思想問題に関わる内容であった。

『講座　現代倫理』の第一一巻が準備されていた一九五八（昭和三三）年には、経済の好況が続き、すでに高度成長が始まって、国民の生活は向上しつつあった。この第一一巻には「共同討議」として、竹内好（司会）・石母田正・鶴見俊輔・中村光夫・丸山眞男による座談会「日本における危機の特性」が載っている。そこで石母田正や丸山眞男が指摘するのは、昭和戦前の恐慌期や終戦直後の緊迫した空気に比べて、「危機意識」が「稀薄」になっている同時代の現実である。丸山の発言によれば、「極貧層」の生活は悪化しているが、サラリーマンなどの「中間層」については経済条件が「上がっている」。その状況で革新政党が、「岸内閣の問題性」や「アメリカ帝国主義のなんとか」といった抽象的なスローガンばかりを振りかざし、人々の生活実感から遊離している状況を、きびしく憂慮するのである（丸山　一九九八a：一七五、一九〇〜一九一）。

経済成長による天下太平のムードが、社会を覆いはじめている。一九五八年には、教職員の勤務評定や警察官等職務執行法（警職法）の改正をめぐって、岸信介を首相とする自由民主党政権と大衆運動とが鋭く対立し、国際情勢においても米ソ間の核兵器開発競争が続いていた。しかしそれでも、スターリン支配体制と朝鮮戦争の時代に比べれば、左右のイデオロギー抗争をめぐる危機感はやわらいでいる。終戦直後に展開したような激しい労働運動が沈静化し、安定した社会秩序のもとでは、さらなる民主化を求める人々の間に、真綿でぴったりと包まれるような閉塞感が漂い始めるだろう。一九四五年、そして明治維新期といった「転換期」の意義を再検討し、その作業を通じて、将来にむけた思想の新たな「転換」を模索すること。「転換期の倫理思想（日本）」

という一巻の課題を、丸山はそう受けとめていたのではないか。

丸山の「開国」は、唐木順三による論文「鎖国」のあとに並べられている。唐木は京都帝国大学文学部哲学科に学んだあと、筑摩書房の創設に関わり、顧問としてその運営を支えていた。『講座　現代倫理』の最終巻、第一二巻（一九五九年二月）に付された月報に載った座談会「現代の倫理的状況をどう考える――この講座の意図したもの」では、「この講座の企画・編集に当たって特にお力になっていただきました先生方」の一人として、大島康正・久野収・日高六郎とともに発言しており、講座全体に関わる計画の中心人物であったことが窺える。丸山を執筆者として起用したのは、平和問題談話会や「思想の科学研究会」にともに参加していた、久野と日高の発案によるものだろう。

唐木による「鎖国」は、題名からして明らかに和辻の著書を意識している。戦国時代における西洋文化の受容から、豊臣秀吉・徳川家康によるキリスト教宣教師の追放をへて、「鎖国」と強固な身分制支配の時代へと至るあらすじが、和辻の『鎖国』とほぼ共通する論文である。だが、豊臣秀吉による棄教の命令を拒んだキリシタン大名、高山右近の例を挙げて、みずからを地上の神に等しい存在として権威づけようとした織田信長・豊臣秀吉との緊張関係を強調するところが興味ぶかい（唐木　一九六七：三二九）。

「鎖国」と同時に発表した論文「キリシタン問題」（『聲』第二号、一九五九年一月）で唐木は、「アナアキイの時代」であった戦国時代の混乱のなかで、精神の秩序を求めようとする志向が、人々をキリスト教の信仰へ誘ったという理解を示している（唐木　一九六七：三三八～三三九）。『鎖国』では和辻がふれなかった、戦国時代の人間が抱えていた救済への強い志向を、唐木は深く掘り下げて論じているのである。ただ、和辻も『尊皇思想とその伝統』（一九四三年）や『日本倫理思想史』では、室町時代の物語本に見える、「苦しむ神、悩む神」に対する民衆の信仰が、やがてキリスト教受容の基盤になったと論じていた（苅部　二〇一七：一一三）。だが『鎖国』で強調したのは、戦国時代における「視圏拡大の要求」と、文化を「創造」する民衆のエネルギーである。

唐木の「鎖国」は、『鎖国』で和辻が切り捨てた要素をとりあげ、人々の内面における信仰を深く理解する方向で、歴史像を刷新する試みだったと言えるかもしれない。キリスト教受容をめぐる評価については、英国の日本史学者、ジョージ・サンソムによる著書『西洋世界と日本』(George B. Sansom, *The Western World and Japan*, 1950)——邦訳の題名は「西欧世界と日本」であるが、アメリカも含むから「西洋」と訳すのが適切であろう——を参照しているのも、興味ぶかい特徴であった（唐木　一九六七：三二三、三四二）。この本は七年後に金井圓による日本語訳が、筑摩叢書から刊行されることになる。

丸山による「開国」は、唐木の「鎖国」よりもさらに、和辻の『鎖国』に対する批判を深め、「鎖国」と「開国」という枠組そのものをめぐる解釈の更新を示した作品であった。冒頭に掲げられた二つの銘句のうち最初のものは、トゥーキュディデース『戦史』(Thucydidis, *Historiae*) が伝える、紀元前四三一年の冬、アテーナイにおいて将軍ペリクレースが行なった葬送演説の一節である。丸山の引用では「わが都市国家《ポリス》は世界に向かって開け放たれている」。これは、ペロポネーソス戦争において勇敢に戦い、命を落とした市民たちを讃える演説であり、古代アテーナイに生き続けたデモクラシーの理念を説き示した文章として名高い。カール・ポパーの著書『開かれた社会とその敵』(Karl R. Popper, *The Open Society and its Enemies*, 2 vols., 1945) にふれながら丸山は論じているので、おそらく同書の第一巻、第一〇章第四節に見える葬送演説の長い引用から、この文句を抜き出したのだろう。丸山の旧蔵書には同書のアメリカ版(一九五〇年)が収められており、それを手元に置いて「開国」を執筆したことが明らかである(丸山 二〇一七:三二三)。

だが、のちに刊行された久保正彰による日本語訳では、演説のこの箇所は以下のようになっている。「先ず、われらは何人にたいしてもポリスを開放し、決して遠つ国の人々を追うたことはなく、学問であれ見物であれ、知識を人に拒んだためしはない。敵に見られては損をする、という考をわれわれは持っていないのだ」(『戦史』第二巻三九章、トゥーキュディデース 一九六六:二二七)。外国人の来訪者を寛大に受け入れる「自由の気風」こそが、アテーナイの市民たちの団結と勇敢さを支えているという自負を示した一節である。

この日本語訳と比べてみると、丸山による引用は、デモクラシーを原理とするポリスすなわち「国家」が、「世界」に向かって「開け放たれている」ことを強調している。『戦史』の当該語句のポパーによる英語訳は"Our city is thrown open to the world"であった(Popper 1962 : 186)。ポパー自身が監修した『開かれた社会とその敵』のドイツ語訳が一九五七年に刊行されており、そちらではギリシア語のポリスをStaatと訳しているので、丸山がそれも参照して「都市国家《ポリス》」と表現した可能性も否定はしきれない。しかしいずれにせよ、「国家」が開かれている「開国」の状況と、デモクラシーとの本質的な結びつきを明示する文句として、論文の冒頭に掲げているのである。

したがって、丸山が「開国」の意味内容として示すのは、海外との交流の道が開かれ、日本人の「視圏」が拡大するという、和辻と唐木が説いた事柄には尽きない。それを丸山は「特殊に歴史的な概念としての開国」と呼んで、問題としての「開国」を論じるさいの切り口の一つにすぎないと説くのである。近代の西欧諸国によって作られた国際社会の構造、すなわち「主権的国民国家が平等の立場と権利で「外交」を取り結ぶ社会」に、一九世紀後半以降に東アジア諸国が編入される過程。日本の場合に関して言えば、徳川末期・明治初期における外交史上・文化史上の出来事としての「開国」である。

だが丸山が重視するのは、「開国」概念のもう一つの側面であり、それを「閉じた社会」から「開いた社会」への推移という、社会の巨大な変化として提示している。すなわち、習俗の体系や厳しい規則、組織の上下関係によって、人々の生活が「固定化・凍結化」された社会から、人々の「視圏」が拡大し、異質な「他者」に対する寛容の気風が滲透して、自由で開かれたコミュニケーションが展開する社会への転換（丸山　一九九六：四五〜四九）。それを丸山は、アンリ・ベルクソン、そしてカール・ポパーが説いた概念に基づいて、「開いた社会」（open society）への変化として説いたのである。そして和辻や唐木とは異なって、一九四五年の日本の敗戦と占領改革が生み出した社会の変化を、この意味での第三の「開国」へのきっかけとして評価し直した。

論文の後半で丸山は、徳川末期から明治初期に至る時期における、「閉された社会」の崩壊現象を詳しく紹介している。外国人を「夷狄」と見なす上下関係の国際秩序感覚を捨て、「天地の公道」に基づき対等に交渉すべき相手として扱うこと。それに呼応して、国内の秩序においても、従来の身分上の「格式」による束縛を脱し、「「他者」への寛容と「われ」の自主性」の意識が生まれること。新聞・雑誌の「民間ジャーナリズム」が盛んに発展し、討議・演説・会議が自由に行なわれる空間が開かれて、明六社に見られるような「自主的結社」が数多く活動を始めること。そうした形で、人々の思考と行動のあり方が変わってゆく動向が、「開かれた社会」の成立であり、「開国」の重要な意味なのであった。

やがて明治一〇年代以後になると、こうした「ダイナミックな諸要素」は、「天皇制国家という一つの閉じた社会の集合的なエネルギー」へと転換され、「開いた社会」は終焉を迎えることになる（丸山 一九九六：八五）。しかしこうした「開国」の機会は、丸山の理解によれば、戦国時代と「幕末維新」期に確かに存在し、「今次の敗戦後」すなわち一九四五年における大日本帝国の崩壊も、「第三の「開国」」と呼ぶべき状況だった。そうした第三の機会の「真只中にある私達は、歴史的な開国をただ一定の歴史的現実に定着させずに、そこから現在的な問題と意味とを自由に汲みとることが必要と思われる」（丸山 一九九六：四七）。明らかに、終戦直後に日本社会に広がった解放の気分や、ジャーナリズムと社会運動の活発さと重ね合わせながら、明治の「開国」について語っているのである。

先に見た、経済成長の裏面で社会に漂っている閉塞感は、丸山にとっては、一九四五年にいったん開かれた社会が、再び「閉じた社会」へと転じる危険性をはらむものと感じられたことだろう。そうした逆行現象を防ぎ、一九四五年における日本のデモクラシーの再生という歴史的な記憶を、改めて活性化させるにはどうすればいいか。——そうした問題の視角から「幕末維新」期の思想史を読み直し、そこから新しい意味を汲み取ろうとするのが、論文「開国」の試みであった。(4)

(3) 和辻と丸山の関係については、先にふれた西村稔『丸山眞男の教養思想』の第二章第三節に詳しい考察がある(西村 二〇一九:一六二〜一九二)。

(4) 丸山の思想史研究における「開国」の問題については、宮村治雄『丸山真男『日本の思想』精読』第四章、および『丸山眞男講義録』別冊二の平石直昭による「解説」第七章を参照(宮村 二〇〇一:八三〜一〇六、丸山 二〇一七:三二一〜三三二)。また、丸山による「自主的結社」の強調から、現代の社会運動における積極的な意味を読み取る試みとして、柄谷行人「丸山眞男とアソシエーショニズム」がある(柄谷 二〇〇六)。

三 「開いた社会」と六〇年安保

筑摩書房による『講座 現代倫理』の第一回配本(一九五八年二月)は、「悪について」を主題とする第二巻であった。「悪」をめぐる巻から刊行を始めるという方針には、唐木順三の意向が働いていることが想像される。唐木は『現代史への試み』(一九四九年)、『自殺について――日本の断層と重層』(一九五〇年)といった著作で、近代日本の思想と文学におけるニヒリズムの問題を熱心に論じていた。また、この巻の付録月報の「編集後記」にはこう書かれている。「本巻の中で十分論じられている通り、今や悪が個人悪・社会悪の域を超えて、まさに全人類を呑みこむほどの巨大な規模と様相で、われわれの前にのしかかってきています」。

二〇世紀になって人類史に登場した、全体主義という新しい暴力的な政治体制と世界大戦の惨禍。その大戦が終わったのち、平和が訪れても世界は冷戦の二極構造に引き裂かれ、日本の政治においても、「保守」と「革新」の両勢力間で国内冷戦の対立が激しくなっている。そして双方のイデオロギーが人々を操作して、気づかないうちに敵との闘争や、少数の反対派の抑圧へと向かわせてしまう。――『講座　現代倫理』の第二巻は、そうした冷戦期の時代認識に対応して、「悪」の諸相を論じようとする論集である。巻頭に収めているのは、革命運動・反体制運動に伴うテロリズムや陰謀について、それを「現代悪」と名づけて考察した、埴谷雄高《はにやゆたか》による論文「目的は手段を浄化しうるか――現代悪の中心的課題」であった。

この巻には、小林秀雄が「悪魔的なもの」という論文を寄稿している。和辻哲郎の『鎖国』が読売文学賞を受賞したとき、選考委員を務めた一人でもある。のちに小林は、第三次の『小林秀雄全集』の第一二巻(新潮社、一九六八年)を刊行したさいに、「考へるヒントI」の篇目にこの論文を再録している。「考へるヒント」は雑誌『文藝春秋』に一九五九（昭和三四）年から五年間にわたって連載した随筆であり、この全集ではそのうち現代の話題に関するものを「考へるヒントⅠ」、徳川思想史をめぐる文章を「考へるヒントⅡ」として収めている。「悪魔的なもの」は、その連載の一回ではなかったにもかかわらず、「考へるヒントⅠ」の冒頭に掲げられている。一九五八、五九年のころに、現代について語った文章の代表作という自信を抱いていたことが推測できる。

だが小林の「悪魔的なもの」は、埴谷がとりあげたような「現代悪」を正面から論じた作品ではない。冒頭はこう始まっている。「講座の編輯者から、「悪魔的なもの」といふ課題を与へられたが、これは、例へば釈迦を誘惑しようとした魔だとか、キリストを試したサタンとかの類ひを指すのではあるまい。編輯者の意は、恐らく、ソクラテスが憑かれてゐたといふダイモンのごときものに在ると推察する」（小林 二〇〇二：二六七）。プラトンの著した対話篇の著作のなかで、ソクラテスはしばしば「ダイモンからの合図」を知ったと語り、その声に忠実に従って自分の行動を選んでいる。そうした内面における信仰の対象が、神としてのダイモンなのである。

「悪魔的なもの」という主題で、神としてのダイモンをとりあげるのは、肩すかしのような印象を受ける。だがこれは、独自の切り口から「現代悪」について語ろうとする小林流のレトリックである。田中美知太郎の著書『ソクラテス』（岩波新書、一九五七年）の第四章「ダイモンに憑かれて」に言及しながら論を進めているが、小林の理解によれば、ソクラテスに聞こえたダイモンの声は「確かにこの世のものならぬ声と受けとれるが、それが神の声であるか悪魔の声であるか、彼にはわからない。わからないが、これにあらがふことは出来ない。彼は子供の頃から、さういふ不思議な内的必然の経験に従つて来た」。忠実に従うことを哲学者に要求してくる「他界からの謎めいた声」なのである（小林　二〇〇二：二六八）。

小林が強調するのは、このダイモンの「禁止の声」に接してとまどい、自己との対話を続けながら、この声に対する「信」に生きようとするソクラテスと、周囲の「アテナイの市民達」との対比である。自己だけでなく、他者にも問いかける営みを通じて「無知の知」を徹底して求めるソクラテスの行動に、市民たちは反感を抱いた。そして田中美知太郎の表現によれば、「古くからの信仰にそむく」という「宗教上の罪」を重要な理由として告発され、市民による裁判の結果、毒盃をあおって自殺するよう命じられる（田中　一九六九：二九二）。この市民たちにとっては、「彼を理解しようとすればするほど彼の姿は、いよいよ不気味な危険なダイモンに見えて来たかも知れない。彼に毒盃を傾けさせたものは、彼等のデモノロギイだつたかも知れない」（小林　二〇〇二：二六九）。小林はそう記している。

「デモノロギイ」（Demonologie）は悪魔学であるが、この場合は、悪魔や魔女がいかにして人間を誘惑し、危害をもたらすかを論じる教説の意味であろう。小林の説くところでは、ソクラテスのダイモンに対する「信」は、他者たちとの対話において「各人の独白を、互に異なるものにする同じ根柢の理由」（小林　二〇〇二：二七三）である。そのかけがえのない独自な思考が、「市民達」のあいだに流布した多数意見によって、異端として排除され、圧殺されてしまう。小林はソクラテスの運命に、現代社会に広がる付和雷同と同質化、アレクシ・ド＝トクヴィルの言う「多数の圧政」の危険性と通じるものを見ていたのであろう。

二〇世紀の社会において、左右の政治イデオロギーが人々を支配し、行動に駆りたてることについて、小林秀雄は一九五〇年代にたびたび批判している。たとえば「考へるヒント」の一篇「プラトンの「国家」」（『文藝春秋』一九五九年七月号）では、やはりソクラテスによる対話と、アテーナイに横行したソフィストたちが流布させる「イデオロギイ」とを対比し、マルクス主義に立つ左派の知識人を「現代のソフィスト達」と呼んで、こう語った。「みんな一緒に、同じイデオロギイを持つて暮さねばならぬ時が来たら、君達は、極く詰らぬ瑣事から互に争ひ出すに決つてゐる。さうなつてみて、君達は初めて気がつくだらう。歴史的社会といふ言葉は、一匹の巨獣といふ言葉より遙かに曖昧な比喩だといふ事に気がつくだらう」（小林　二〇〇一b：五二）。社会の全体を「一匹の巨獣」にたとえる比喩は、この随筆のなかで、「善悪も正不正も、この巨獣の力に奉仕し、屈従する程度によつて定まる他はない」（小林　二〇〇一b：五〇）という文脈で使われていた。単一のイデオロギーが滲透し、強固な同質化によって、人々ががんじがらめに支配されてしまうという事態である(5)。

小林と政治上の立場は異なるが、多数の圧政に対して、一人ひとりの個人の「かけがえのなさ」を守る必要性は、当時、丸山眞男もまた熱心に唱えていたところである（苅部　二〇〇六：一七〇〜一七二）。論文「開国」で丸山が、「開いた社会」における、「自主的結社」の活発な活動、そして

「非政治的領域から発する政治的発言という近代市民の日常的なモラルが育って行くこと」（丸山一九九六：八三）をとりあげているのも、同じ問題関心の上にあるだろう[6]。

戦国時代の「開国」期における人々のエネルギーと「視圏」の拡大から学ぼうとした和辻哲郎。一九四五年の「開国」から、再び日本が「閉じた社会」へ逆転しようとしているとき、ただ一人の「信」と真摯な対話の意義を説いた小林秀雄。さらに同じ状況下で、「非政治的領域」から声を挙げる「市民」の活動を通じての、「開いた社会」の実現を展望した丸山眞男。一九五〇年代の日本における、「鎖国」と「開国」の二項対立をめぐる議論の空間は、人間とその秩序をめぐる諸構想が、豊かに交錯する場だったのである。

しかし、「開国」が発表された翌年、一九六〇（昭和三五）年には、一つの政治的事件をめぐって、丸山と小林が意見を鋭く対立させることになる。この年の五月一九日の衆議院本会議で、岸信介内閣は、新たな日米安全保障条約の批准を、自民党のみによる単独裁決で強行した。このことをきっかけに、それまでは革新政党・労働組合・学生団体のみにしか広がっていなかった安保条約反対運動が、「民主主義の擁護」という旗印を得て、多くの庶民の参加を得ることになる。そして院外の大衆運動が史上空前の規模にもりあがり、最大の日には三三万人と言われる人数のデモが、国会を取り巻くことになり、機動隊との激しい衝突も起きた。結果として新安保条約は参議院で自然承認されるが、岸内閣は七月に総辞職するに至った。

安保反対という目的は果たせなかったが、多くの大衆がみずから政治運動に参加し、内閣の交代を見た。丸山眞男は、前年から結成された知識人グループ、国際問題談話会で安保条約批判の討議に加わっていたが、岸内閣による強行採決を受けて、反対運動に積極的に携わった。その運動総括文と言える「八・一五と五・一九——日本民主主義の歴史的意味」(『中央公論』一九六〇年八月号)は、条約の自然承認という結果のみを見る態度を戒め、「敗戦の八月一五日」に生まれた日本国憲法の「民主主義」の原理が、いまや「市民」の間に定着しつつあると指摘するものであった。

こうした丸山の「六〇年安保」論に対して、批判の声も挙がってくる。『中央公論』の翌九月号に載った「安保戦争の「不幸な主役」」において清水幾太郎は、スローガンを安保反対から「民主主義擁護」に代え、ラディカルな大衆運動の芽を摘んだとして、暗に丸山らに対する不満を述べた(清水　一九九二:一四五~一五二)。さらに同じ月の『新潮』に福田恆存《つねあり》が「常識に還れ」を寄稿し、丸山の論考を批評しながら、デモに加わった「国民大衆」も、「所詮、明日は離散する烏合の衆である」と辛辣に指摘している(福田　一九八七:二二九)。そして、それまで埴谷雄高邸のパーティーで丸山と顔を合わせることもあった江藤淳が、『文藝春秋』の一一月号に「〝戦後〟知識人の破産」を発表する。そこで江藤は、敗戦によって傷つけられた「誇り」をごまかそうとする知識人の典型として、丸山の別の文章「復初の説」(『世界』同年八月号)をとりあげ、「八月十五日」に始まった戦後改革を礼賛する姿勢を、きびしく批判した(江藤　一九九五:一二五~一三四)。

江藤の文章が載った『文藝春秋』の一一月号には、小林秀雄が連載「考へるヒント」の一回として「歴史と人生」(のち「「プルターク英雄伝」」と改題)を寄せている。それは「民主主義の政体」

を巧みに運営し、「民衆」を上手に説得し指導した古代アテーナイの政治家として、やはりペリクレースをとりあげるものであった。素材としているのは、プルタルコス『英雄伝（対比列伝）』（Plutarchos, *Bioi Paralleloi*）の一篇「ペリクレースとファビウス・マクシムス」である。

小林によればペリクレースは、民意に基づく政治という「イデオロギイ」を信じない。ただし時には「民衆」の欲望に迎合してみずからの人気を確保しながら、重要な決断にさいしては全体の状況を考えて慎重策を採り、ポリスの繁栄のもと「幸運に思ひ上り、得意になつてゐる民衆の傲慢と威勢に轡を噛ませる」。後者の例としてプルタルコスが紹介するのは、僭主によって支配されていた黒海沿岸のポリス、シノペに軍隊を送って征服したのち、ほかの地域にまで遠征の手を伸ばすのを控え、人々の要求にあえて背いた出来事である（プルタルコス　二〇〇七：三六～三八）。

ペリクレースは、現実を離れた「理想家の言」にも、「民衆」の人気を得ることしか考えない「実際家の言」にも従わない。「抽象的なドグマ」に基づいて「事実」の虚像を作りあげる「邪悪な贋リアリズム」ではなく、本当に重要な「人間的事実」を見きわめ、それに即して行動を決める「熟慮された現実主義」がここに生まれる。「国力が発展するにつれて、人心も発展する。といふ事は、ペリクレースの観察によれば、アテーナイが豊かになればなるほど、人心の腐敗も豊かになるといふ事であつた」。経済的にも軍事的にも繁栄する「黄金時代と戦つた人」、と小林は呼んでいる（小林　二〇〇一b：二一二～二一三）。日本が経済成長の「黄金時代」を迎えていた一九六〇年の五月に沸き起こった「民衆」のデモのエネルギーと、国益を考えながらそれに対峙した岸信介政権。そのエネルギーが「民主主義」の発展につながると期待する丸山と、「現実」に関する旧来の理解をもとにして、運動の意義を否定する福田や江藤。そうした諸観点の雑居状態を念頭に置きながら、小林がこれを書いていたことは確かだろう。

またここには、一九五〇年代とは異なる、新しい時代認識がほの見えている。五〇年代に丸山と小林が議論の前提として示していたのは、国内冷戦によって左右に分極化したイデオロギー対立のもと、人々の思考がどちらかの勢力によって操作されてしまう現実であった。だがそこで両者が指摘した問題は、このことにとどまらない。小林がソクラテスの刑死の例によって、また丸山が徳川時代の「閉じた社会」についての言及で示したのは、全体の空気を操作する主体が見あたらない、社会に広がる同質化の現象であった。五〇年代にはまだ後景にあったこの問題が、しだいに意識の前面にせりあがってゆく。

そして経済の繁栄のもと、人々の意識が豊かで安楽な生活を志向するものへと画一化をとげつつあるとき、人々が無力になるという予想を覆すかのようにして、安保反対の激しい政治運動が突発した。社会全体の意識のとらえがたさと、それがいったん一つの方向へと向かったときに発生するエネルギーの厖大な熱量。この現実を目撃したからこそ、小林はアテーナイの民衆を統御する難しさに注目したのだろう。「市民」の運動を礼賛する丸山眞男の議論にも、その熱量に対する驚きと不安が、実は潜んでいるように思われる。一九六〇年代から日本の社会運動や思想の動向は、冷戦構造と階級対立の単純な図式によっては割り切れない、複雑で不定形なものになってゆく。本書が次章以降でとりあげる、香山健一、永井陽之助、山崎正和といった思想家たちは、この新たな状況のもとで言論活動を始める（もしくは再開する）ことになるのである。

（5）小林のこの議論が、戦後日本において左派のイデオロギーと化した、「民主主義」のスローガンに対する批判にもなっていることについては、中野剛志『小林秀雄の政治学』第五章に詳しい（中野　二〇二一：一六一～一六六）。

（6）先にふれた通り、丸山が「開いた社会」の概念を着想したさいに参考にしたと明示しているのは、ポパーの『開かれた社会とその敵』と、ベルクソンの『道徳と宗教の二つの源泉』（Henri Bergson, *Les deux sources de la morale et de la religion*, 1932）である。ベルクソンのこの著書は、小林もまた熟読していると思われるが、その内容について具体的に言及した例は、『私の人生観』（一九四九年）で、「ベルグソンが、晩年の或る著述の中で、これからの世にも大芸術家、大科学者が生れるかも知れないが、大政治家というものは、もう生れまい、と言ってをります」（小林　二〇〇一ａ：一六〇）と語っている箇所が見つかる程度である。ただしこの議論は、ベルクソン『二つの源泉』の第四章において、「開いた社会」（société ouverte）の概念が提示される途中に登場するものであった（ベルクソン　二〇一五：三八〇）。

参照文献

※本章で言及した和辻哲郎・小林秀雄・丸山眞男の著書
和辻哲郎（一九六二）『和辻哲郎全集　第三巻』岩波書店。
――（一九六三）『和辻哲郎全集　第一五巻』岩波書店。
――（一九八二）『鎖国　下巻』岩波文庫。
小林秀雄（二〇〇一ａ）『小林秀雄全集（第五次）第九巻』新潮社。
――（二〇〇一ｂ）『小林秀雄全集（第五次）第一二巻』新潮社。

――（二〇〇二）『小林秀雄全集（第五次）第一一巻』新潮社。

丸山眞男（一九九六）『丸山眞男集　第八巻』岩波書店。

――（一九九八a）『丸山眞男座談　第三冊』岩波書店。

――（一九九八b）『丸山眞男座談　第九冊』岩波書店。

――（一九九九）『丸山眞男講義録　第五冊』東京大学出版会。

――（二〇一七）『丸山眞男講義録　別冊二』東京大学出版会。

※和辻哲郎・小林秀雄・丸山眞男以外の著作

岩波文庫編集部（編）（二〇一七）『九〇年版　岩波文庫解説総目録　一九二七～二〇一六』岩波書店。

江藤　淳（一九九五）『一九四六年憲法――その拘束　その他』文春文庫。

唐木順三（一九六七）『唐木順三全集　第六巻』筑摩書房。

柄谷行人（二〇〇六）「丸山眞男とアソシエーショニズム」『思想』九八八号。

苅部　直（二〇〇六）『丸山眞男――リベラリストの肖像』岩波新書。

――（二〇一〇）『光の領国　和辻哲郎』岩波現代文庫。

――（二〇一七）『日本思想史への道案内』NTT出版。

佐藤康邦・清水正之・田中久文（編）（一九九九）『甦る和辻哲郎――人文科学の再生に向けて』ナカニシヤ出版。

清水幾太郎（一九九二）『清水幾太郎著作集　第一〇巻』講談社。

高橋文博（二〇一二）『近代日本の倫理思想――主従道徳と国家』思文閣出版。

田中美知太郎（一九六九）『田中美知太郎全集　第三巻』筑摩書房。

津田雅夫（二〇一四）『増補　和辻哲郎研究――解釈学・国民道徳・社会主義』青木書店。

鶴見俊輔（一九八一）『戦後思想三話』ミネルヴァ書房。

――（一九九二）『鶴見俊輔集　一〇　日常生活の思想』筑摩書房。

トゥーキュディデース（久保正彰訳）（一九六六）『戦史　上巻』岩波文庫。

中野剛志（二〇二一）『小林秀雄の政治学』文春新書。

西村　稔（二〇一五）「知識人と「教養」――丸山眞男の教養思想　第三回」『岡山大学法学会雑誌』六五巻一号。

――（二〇一九）『丸山眞男の教養思想――学問と政治のはざまで』名古屋大学出版会。

福田恆存（一九八七）『福田恆存全集　第五巻』文藝春秋。

プルタルコス（柳沼重剛訳）（二〇〇七）『英雄伝　第二巻』京都大学学術出版会。

アンリ・ベルクソン（合田正人・小野浩太郎訳）（二〇一五）『道徳と宗教の二つの源泉』ちくま学芸文庫。

宮村治雄（二〇〇一）『丸山真男『日本の思想』精読』岩波現代文庫。

吉野源三郎（二〇一一）『人間を信じる』岩波現代文庫。

Karl Raimund Popper（1962）, *The Open Society and its Enemies*, Vol.1（Harper and Row Publishers）.

第二章　「柔構造社会」の若者たち

——学園紛争期の永井陽之助

趙　星銀

一　永井陽之助の複雑な魅力

永井陽之助（一九二四〜二〇〇八）を戦後思想史のなかに位置づけることは容易ではない。彼が幾重にわたる両面性を備えた知識人だからである。

まず永井の略歴を紹介しておく。一九二四年、東京で生まれた永井は幼少期を仙台で過ごし、第二高等学校、東京大学法学部政治学科卒業後、同大学助手を経て北海道大学で教鞭をとる。北大在任中の一九六二年、在外研究先のアメリカで遭遇したキューバ・ミサイル危機をきっかけに国際政治研究に着手し、帰国後、雑誌『中央公論』に一連の国際政治論を発表する。以後、永井は「現実主義」の国際政治学者として知られるようになる。一九六六年には北大から東京工業大学に移り、一九八五年東工大を退職した後は二〇〇〇年まで青山学院大学国際政治経済学部教授をつとめた。

以上の略歴から浮かび上がる第一の特徴は、永井の専門領域の両面性である。東京大学在学中、丸山眞男の影響を受けて研究者の道に入って以来[1]、特に一九五〇年代の永井の研究関心は「心理学的な政治学を専攻し、ナチズムの社会心理学的分析や日本人の政治意識と行動様式を調査・研究」することにあった（永井　一九八五：三二）。この時期の研究成果は一九七一年に単行本化される『政治意識の研究』（永井　一九七一a）に収められているが、要するに一九五〇年代半ばから一九六〇年代初頭にかけての永井は「(社会) 心理学」的な見地から政治現象を分析する、戦後政治学の行動論的転回の担い手の一人であった。

しかし一般に永井陽之助は「国際政治学者」として知られている。一例に『日本人名大辞典』(講談社)によれば、永井は「昭和後期―平成時代の国際政治学者」であり、彼の代表作は『平和の代償』(永井 一九六七)と『冷戦の起源』(永井 一九七八)、つまり国際政治論である。確かに一九六〇年代半ば以降、永井は国際政治に関する多数の論考を発表しており、またそのなかで彼が展開した議論は、米ソ対立を当然視する通常の冷戦期国際秩序観とは異なるものであった。彼は大文字の「自由主義対共産主義」の図式に囚われることなく、各国の意思決定過程における組織や行為者を分節的に捉え、各々の価値観の違いを含む複雑な力の相互作用を明らかにすることに力を注いだ。そのようなリアルな政治認識に、彼が「現実主義者」と呼ばれる所以がある。

要するに永井政治学の軌跡には、心理学的な政治学(政治意識論)に取り組んだ初期(『政治意識の研究』所収論文の執筆時期、一九五五~六一年)と、国際政治学者として活躍する一九六〇年代半ば(『平和の代償』所収論文の執筆時期、一九六五~六六年)との間に大きな変化があったかのように見える。だが、近年の研究ではこの両時期を統括的に捉える向きが見られており、後述するように、本章の意図もそこにある。

第二に、永井の思想的スタンスもまた両面的である。前述の通り、一九六〇年代半ば以降の永井には「現実主義者」という修飾語が付きまとうようになる。この表現からは、日米同盟、憲法改正、再武装など、日本の安全保障をめぐる諸問題について、およそ「親米」的であること、または「保守」の立場に立つことが想定される。確かに永井は断固とした日米同盟主義者であり、改憲論者でもあった。[2]また彼は革新政党とは距離を置いていたし、『中央公論』や『文藝春秋』といった「保守」系総合雑誌を主な舞台として著述活動を行った。

しかし、だからといって永井が「普通」の保守かといえば、そうではない。いくつかの先行研究が指摘する通り、永井の議論には「革新派」と読むべき側面が多く含まれている。たとえば酒井哲哉は、永井の唱える「反対派を内に含む動態的均衡」の理想や「民主的社会主義」のヴィジョンに注目し、豊かな社会のなかでの変革を志した点で「新左翼」とも通じあう永井像を描いた（酒井 二〇一四a、二〇一四b）。また安全保障問題に関しても、永井は非武装中立論に反対すると同時に、日本の軍事大国化や核武装の主張にも反対する、非核・軽武装論者であった。特に一九八〇年代の「防衛論争」のなかで、永井はおそらく彼に向けられたと思われる期待を裏切って、ソ連脅威論に基づいて日本の軍備増強を主張する岡崎久彦を正面から批判し（永井・岡崎 一九八四）[3]、さらには「国際貢献」を理由に軍備増強の必要を説く言説にも反対した（永井 一九八二）。加えて永井の議論は日本精神の賛美や伝統への回帰といった懐古的な民族主義とも無縁である。

要するに、永井の思想は「保守」とも「革新」とも通じ合う側面、逆にいえば「保守」とも「革新」とも対立する側面を持っている。そしてこのように「保革」の図式では裁断することのできない永井の思想的スタンスに、彼を「リベラル」として評価する余地が生まれてくるだろう。かって河合栄治郎は戦前の日本の自由主義の立ち位置について、マルクス主義と保守主義からくる左右の挟撃に迫られ、両方と戦わなければならない不幸な運命を背負っていると述べたことがあるが（河合　一九二八）、永井も河合以来の日本リベラルの運命を継承しているといえるかもしれない。

さらにもう一つ、リベラル知識人として永井を論じる際、特に一九六〇年代半ば以降、彼の議論の多くがデイヴィッド・リースマンやスタンリー・ホフマンといった欧米のリベラル知識人に依拠している点を考慮しなければならない。そして、それは単なる外国理論の紹介にとどまるものではなかった。永井が注目したのはアメリカ国内におけるリベラル派の地盤が決して強固ではないという点であり、だからこそ彼は日米関係におけるリベラル派の連帯を唱えたのである。たとえば日本政府の対米政策がアメリカのどのような勢力を勇気づけ、どのような勢力の期待を裏切ることになるかを、永井は問題視する（永井　一九七一b：一六三〜一六四）。アメリカという国自体を分節的に捉え、そのなかのどのような勢力を警戒し、どのような勢力と手を結ぶのが望ましい未来を作り出す力となるかを問う永井の議論は、現状を無条件に肯定する安易な対米従属論とは異なる点に留意すべきである。

第三に、現代の科学・技術中心主義についての永井の独特なスタンスにも注目する必要がある。永井が文学に深い素養を持っていたことはしばしば指摘されており、特に彼が坂口安吾やジョージ・オーウェルに払った敬意は格別なものであった。また永井自身のレトリカルな文章技法も、彼を「文人」的な政治学者として印象づけるのに一役買っていると思われる。ただその裏面で、永井は科学・技術をめぐる問題群に非常な関心を示し、特に技術の発展が現代政治に及ぼす威力について真剣に向き合った政治学者でもあった。高校時代から科学哲学書を熟読し、兄の影響で分析哲学にも惹かれていたという永井の思考様式には、たとえばアインシュタインの相対性理論をマンハイムの方法論につなげて理解しようとする痕跡も窺える（永井　一九八五：三六〜三七）。それに永井は一九六六年から一九八五年まで、約二〇年間にわたって東京工業大学工学部で教鞭をとっていた。要するに、彼は理系中心の大学で政治学を教えるという独特な経歴を持っているのである。[4]

このように「理系のこともよくわかる」立場にあったからこそ、永井は一九六〇年代に流行した未来学の潮流にも敏感に反応したと思われる。しかし彼はそのような動向に与することなく、未来学や情報社会論に潜む技術中心主義や社会工学的なアプローチを厳しく批判した。そのようなスタンスを支えたのは「政治的問題」に対して「技術的解決」を持ち込んだナチスの経験からの教訓であり、また人間固有の営みとして「政治」を捉えようとする永井の思想家としての個性であったように思われる。

以上の通り、幾重にわたる両面性を備えた永井の政治学は、いままで多様な角度からとりあげられてきた。まず永井の革新思想家としての側面に注目するものとしては、前述の酒井の研究、そして小野寺研太の研究を挙げることができる（小野寺　二〇一七）。小野寺は、世界に対する「完全な」認識の不可能性を前提に、不完全な情報によって意味論的な世界を構成せざるをえない人間の思考様式への関心から、大衆社会を「政治意識」的に分析した永井のアプローチの特徴を指摘する。

そして中本義彦は国際政治学にウェイトを置きつつ、多岐にわたる永井の議論を幅広くとりあげ、永井政治学の多面性を統括的に分析した（中本　二〇〇九、二〇一五）。左右を問わず鋭い批判を展開し、また左右から攻撃を受ける永井の論争家としての側面からは、通常の左右の軸では評価することのできない独自のスタンスがかえって浮かび上がる。一方、土山實男は多様な「現実主義」の間に存在する思想の幅を検討しながら、ソフト・パワー論やディフェンシブ・リアリズムの先駆として永井を位置づけた（土山　二〇一三）。そして青山学院時代の永井門下であった中山俊宏による永井没後の追悼論説や『冷戦の起源』の解説などからも、永井の個性と魅力が生き生きと伝わる（中山　二〇〇九、二〇一三）。

以上の先行研究を踏まえて、本章は『政治意識の研究』所収論文から『平和の代償』執筆に至るまでの議論を整理した上で、いままで比較的に注目されてこなかった一九六〇年代後半から一九七〇年代初頭にかけての議論、著作でいえば単行本『柔構造社会と暴力』（永井　一九七一b）の所収論文を検討することにする。そして便宜上、ここでは『政治意識の研究』所収論文の執筆時期を第一期、『平和の代償』所収論文の執筆時期を第二期、『柔構造社会と暴力』所収論文の執筆時期を第三期と呼ぶことにする。一見すると、第一期（政治意識論）から第二期（国際政治論）を経て、第三期の永井は再び政治意識論に回帰したかのように見える。しかし、大きな変化として映る第一期と第二期、そして第二期と第三期の間に、実は強靭な関連性が存在しており、またその結果として第一期と第三期の間には重要な変化が見受けられるということを、本章では強調したい。つまり第三期の議論は第一期への純粋な回帰ではありえず、そこには第二期の国際政治研究から永井が持ち帰ってきた多様な要素が介在しており、それが結果的に、後年の永井政治学の深化をもたらしたというのが、本章の仮説である。

以下、永井の議論における連続と変化を詳しく検討する。

（1）その経緯については、永井自身が語るエピソードがある。高校時代、ドイツ・ロマン主義に魅了され、「ユダヤ人問題という一種の神秘主義的な歴史の陰謀説にとりつかれ」ていた永井は、東京大学法学部在学中、丸山に「ユダヤ人問題についてどう思うか」と質問したという。そして「ユダヤ問題の本質がどういうものか、それが正しいか否かの問題より、ワイマール時代のドイツ人の一部が、なぜ反ユダヤ主義（アンチセミティズム）を支持したのか、その社会心理学的背景の分析をやる必要がある」という丸山の答えから、永井は一つの「啓示」を得たと述べている（永井　一九八五：三〇～三一）。なお引用文中の傍点は原著者による（以下同様）。

（2）ただ永井が「国家目標としての安全と独立」（『中央公論』一九六六年七月号）で展開した改憲論は「安全」と「独立」のジレンマについての独自の解釈に依拠したもので、その根拠や方法においてユニークなものであることを断っておく。

（3）防衛論争における永井のスタンスについては張（二〇二一）参照。

（4）ルドルフ・カルナップなどの論理実証主義を研究した分析哲学者の永井成男（一九二一～二〇〇六）。

二 『政治意識の研究』から『平和の代償』まで

『政治意識の研究』——「心理」を軸とする政治学

第一期の研究成果を集大成した単行本『政治意識の研究』の「あとがき」において、永井は自らの研究生活を振り返り、一九五〇年代には「当時、アメリカを中心に急速に台頭してきた、社会心理学や政治行動論、大衆社会論についての諸業績を、政治過程の動態分析にとりいれようという意図」を持っていたと述べる（永井 一九七一a：三五四）。ここで永井の言う「社会心理学」「政治行動論」「大衆社会論」は、それぞれ別個の領域と思われるかもしれない。しかし、少なくとも一九五〇年代から一九六〇年代初頭にかけての日本の政治学界において、三者は緊密に連動するものでありえた。

その中心には丸山眞男がいた。一九五〇年代初頭、丸山は精神分析学と政治学を接合したアメリカの政治学者ハロルド・ラスウェルの業績を積極的に紹介し（丸山 一九五〇）、自らもその理論を応用した独自の政治過程モデルを提示した（丸山 一九五二）[5]。そのようなラスウェルへの関心の根底には、現代の大衆社会の政治に関する丸山の問題意識があった。たとえば当時の丸山は現代の政治について、「意見というほどの意見でないあるインプレッションを持っている未組織の厖大なる大衆の動向によって、実際政治が思わぬ方向に引っ張られ」ていると考えていた（蠟山ほか一九五〇：七九）。そのような問題関心が、「意見」以前の「インプレッション」、つまり人間の心理を含め、社会に偏在する権力作用をとりあげるラスウェルの政治学に丸山を接近させたのは、理解し難いことではない。

こうして丸山に媒介されたラスウェルの影響は、永井の初期著作にくっきり現れている。第一に、永井の著述のなかで初めて刊行されたものが、ほかならぬラスウェルへの書評であった（永井一九五三）。また一九五四年、永井は丸山が一九五〇年の書評で紹介したラスウェルの主著*Power and Personality*（1948）を翻訳・出版し（ラスウェル一九五四）、翌年にもラスウェルの論文を翻訳、『思想』一九五五年一〇月号に掲載している（ラスウェル一九五五）。そして一九五五年に発表された永井の最初の論文「政治を動かすもの」は河出書房の「現代心理学講座」の第六巻『政治と経済の心理学』に収められている。要するに、第一期の永井は限りなく「心理学」に近い政治学者であったといえよう(6)。

このように「心理」を軸として政治を把握する永井のアプローチは単行本『政治意識の研究』に収められた一九五五〜六一年の諸論文に著しく現れている。たとえば論文「政治を動かすもの」の冒頭で、永井はヒトラーの独裁政治が「近代技術の発達した現代における最初の独裁」であり、だからこそ「ラジオや拡声器を通じて八千万の国民は自主独立の思考を奪われ……ワンマンの意思に国民をしたがわしめることができた」というナチス・ドイツの元官僚の言葉を引用する（永井　一九七一a：一〜二）。そしてこのようにテクノロジーを利用した大衆の心理掌握が画期的に進むと、今度は「その圧力に触発された、もろもろの反応が、巨大な政治的エネルギーとして逆に政治の世界へ動員される」ようになり、権力と心理の相互浸透が発生すると述べる（永井 一九七一a：二）。こうして心理や情念という非合理的な要素が政治に対する人間の認識にたえず影響を及ぼしているというのが、永井の現代政治分析の前提であった。

言い換えれば、たえず交錯する政治と心理との関係を解明することこそが、第一期の永井における「政治意識論」の主眼であった。たとえば一九六〇年の「政治学の基礎概念」（永井 一九六〇）のなかで、永井は次のように述べる。

政治とは何か、権威とは何か——という表象は、その極限を考えれば、個人の数ほどイメージがちがうといっていい。ここから、現代の政治学は、不可避的に、まず、政治意識論として成立せざるをえないのであって、微視的には、それぞれの個人が、外界をいかに表象し、その現実像に対して、いかなる態度をもつか、そのイメージと引照基準、態度、動機づけ等の内面的関係に着目し、その行動と表象の織りなす複合体として全体像を再構成していく以外にない（永井 一九七一a：一三二）。

ここで永井の指摘する、現実に対する多様な行為者の認識を、仮に「意味世界」と呼ぶことにしよう。すると、私たちが生きているこの世界は、多様な「意味世界」を持つ個人または集団で埋め尽くされていることになる。現実の世界は一つであっても、意味世界は、極端にいえば、個人の数ほど存在する。そしてそれらの個人または集団が共存するためには、一つ一つの意味世界がどのような理由から成立し、また全体のなかでどのような位置を占めているかを把握し、相互の理解と意思疎通を図る必要がある。

そしてここに、永井の考える政治学の第一の任務があった。つまり、ある政治的な事柄について諸々の行為者や集団の持つ「目に見えない」意味世界の存立根拠を解明し、それが権力の行使をはじめとする「目に見える」政治的行為にどのような影響を及ぼすかを分析することから、「永井政治学」は始まるのである。もちろん人間のイメージからなる意味世界には、合理的な利害計算に劣らず、情念や心理といった非合理的な要素も働いている。その結果、『政治意識の研究』に収められた第一期の諸論文は、非合理的な心理や情念を含め、「人々がどのような要因によって政治的な事柄を認識し、またそれに対してどのような態度を持つか」という問題関心に貫かれている。

『平和の代償』——米・中・ソの政策決定者の政治意識論

以上で見た通り、『政治意識の研究』で永井が示した問題設定の核心は、ある政治的な事柄の真相が「何であるか」という真偽の究明ではなく、それが「ある人々にとって、どのような意味を持つか」という意味論的な解明にあったといえる。そしてこのような視座は一九六〇年代半ば以降の永井の国際政治論にも引き継がれている。特に一九六五年に発表された永井の最初の国際政治論「米国の戦争観と毛沢東の挑戦」（永井　一九六五）は、「マクナマラ（ケネディ政権の米国防長官）の政治意識」または「毛沢東の政治意識」と読み替えても差し支えないように思われる。

この論文の主眼は、米・ソ・中の政策決定者の戦争観と平和観、特に彼らの持つ「国際関係における力とモラルの役割についてのイメージ」の比較分析に置かれている（永井　一九六七：五）。永井はそれを「機構型」「制度型」「状況型」の三種類に分けて説明する。第一の「機構型」は、ケネディ政権以前のアメリカの国際政治観に代表されるもので、国家間の葛藤のない状態を国際関係の基本と想定し、秩序維持の手段として法的機構を重視する思考様式を指す。第二の「制度型」はヨーロッパ的な考え方で、法的機構の整備より、外交による「力の均衡」を秩序維持の最も有効な手段とみなす。そして第三の状況型は、反帝＝反植民地の解放戦争（革命戦争）の勝利によって初めて平和が達成されると考える、革命勢力（毛沢東）の国際政治観である。

続いて永井はアメリカの平和観・戦争観についての具体的な検討に入る。彼はここでジョージ・ケナンの議論を採用しながら、アメリカでは伝統的に「〝平和〟と〝戦争〟とは、截然として区別される二つの明確な別領域であり、平和が〝正常〟であって、戦争は〝異常〟である」と考える傾向が強いと述べる（永井　一九六七：一〇）。戦争は「悪」であり、だからこそ戦争に参加するためにはそれを正当化することのできる「聖なる道徳的目的」、逆にいえば、暴力的な制裁に値する「悪」としての敵を必要とする。したがってアメリカは原則としては戦争を退けながら、いったん参戦を決定すると無制限の軍事力行使に偏る傾向を示す。たとえば永井は「外交が平和を維持するのに失敗したら、実力に赴こう。力を行使するとき、まったく、……純軍事的目的からのみ、すべてを検討すべきである。政治が失敗し、軍人がひきうけた以上、あとのいっさいは軍人に委ね、軍人を信頼すべきだ」というマッカーサーの発言を引用し、そこに表れているアメリカの戦争・平和観を指摘する（永井　一九六七：一三）。その反面、「力の有効な使用によって、戦争の拡大を未然に防止し、抑止し、局地化し、限定するという考え方」が乏しく、妥協と融和、譲歩に対する猜疑心が強いのが、アメリカの「機構型」思考の、もう一つの側面である（永井　一九六七：一四）。

第二次世界大戦後、アメリカは以上のような思考様式に基づいて大幅な軍事費予算の削減を行ない、通常戦力の縮小を敢行した。その代わりに、相対的に人的・物的コストを節約しうる核戦力中心の国防戦略が選ばれた。しかし朝鮮戦争において、核兵器は、自国にとって決定的な脅威がない限り、実際には「使えない」武器であることが判明した。結局アメリカは、削減された弱い通常兵力と「使えない」核兵器を抱えたまま、戦争に突入する。さらに敵との妥協をゆるさない特有のモラリズムも一因となって、朝鮮戦争は長期化し、アメリカ国内では反共ヒステリーが引き起こされる。

このような政治的損失の教訓から、ケネディ政権は国防戦略の大々的な変革を行ったと永井は分析する。国防長官に起用されたマクナマラは、「使えない」核兵器の代わりに「きびしい、理性的な政治目的のもとに制御された〝使える力〟」として通常兵力を整備することに尽力した（永井　一九六七：三一）。加えて、局地的な紛争から内戦、通常兵力による戦争、そして全面的核戦争に至るまでの戦争の段階を詳細に区分し、各段階に応じて複数の「使える戦力」を配置する「多角的オプション」の戦略が導入される。

これによって、アメリカは「核戦争か孤立主義か」という極端な選択肢ではなく、様々な紛争の種類に応じて多様なオプションを駆使することが可能になり、紛争に対してより柔軟に対応できるようになったと永井は評価する。またこの戦略は、敵に対しても、段階ごとに、より悪の少ない選択肢を選ぶオプションを与え、紛争の拡大を抑制する可能性を広げる。つまりマクナマラ戦略に対する永井の評価の核心は、それが相手の出方に相当部分を依存せざるをえない国際関係において、敵と味方の両方に「対他的な行為」を強いる仕組みとして働くという点である。こうして伝統的に法律万能主義とモラリズムの傾向の強かった「機構型」のアメリカが、具体的な状況のなかでより悪の少ないオプションを模索する対他的な努力を積み重ねるようになり、徐々に「制度型」へと変化していると永井は診断する。

しかし、以上のような考え方と正面から対立するのが、毛沢東に代表される「状況型」の戦争・平和観である。まず「状況型」の考え方において「戦争と平和とは、明確に分化した二つの領域ではない。むしろ、その和戦未分化の状況をつくりだすこと（ゲリラ戦はその有力な方法）に、世界革命のグランド・ストラテジーがおかれている」と永井は述べる（永井　一九六七：一九）。つまり毛沢東の革命理論の核心は「あらゆる旧秩序と現状（ステータス・クオ）に内在する〝矛盾〟（階級闘争、民族闘争）を利用し、制度の解体と融解、腐蝕を拡大、激化させ、力のバランスを徐々にきりくずして、革命状況をつくりだす」ことにあるのである（永井　一九六七：一九）。

その際、最も効果的な戦略が「持久戦」である。永井の整理によると、それは直接の武力衝突を避けながら、心理戦、イデオロギー戦、政治的な働きなど、間接的方法を駆使して相手との戦力のバランスを切り崩し、勝利が確実である決戦の時期まで、文字通り、「じっと待つ」戦略である。永井はここで「敵が進めば退き、敵がとどまれば乱し、敵が疲れれば攻め、敵が退けば、これを追う」という毛沢東の戦法に言及し、これを革命勢力が現状維持勢力に対抗する最も有効なアプローチであると評価する（永井　一九六七：五二）。だが、その最終の決戦が核戦争になる場合について、「極端にいえば、半数の人が死亡しても、半数の人は生き残り、帝国主義はうち平らげられ、全世界は社会主義化され、さらに何年か過ぎれば、また二七億にもなり、かならずもっと多くなるだろう」と述べた毛沢東の発言を引用する永井の意図は、世界革命の達成後、初めて平和が訪れると考える「状況型」の平和観の危険性を警告するところにあったと思われる（永井　一九六七：四九）。

以上の意味での「米中対立」に注目する永井の視座は、第二論文「日本外交における拘束と選択」（永井　一九六六a）においても連続している。特にベトナム戦争以降、アジアにおける力の均衡維持という共通利害の増大に基づき、米ソ間に事実上の「冷たい同盟」が形成されているというのが永井の観察であった。だからこそ、そのような米ソ間の緊張緩和に協力しつつ、いまだなお世界革命路線を諦めていない中国をも「制度型」の国際関係に誘導するための外交上の窓口となることが、東アジアの平和維持のための日本の役割であると永井は主張したのである。

さらに第三論文「国家目標としての安全と独立」（永井　一九六六b）では、米ソ間の恐怖の均衡による「核マヒ」の状態を平和の条件として積極的に受け止め、その上で米ソ共存を前提に核兵器の共同管理をすすめるという方策が提言される。そうすることによって「社会主義体制は、より自由化し、資本主義体制は、より社会主義的なものに変質していくだろう」と、永井は両体制の歩み寄りを展望しているのである（永井　一九六七：一八九）。

以上の議論を通して永井が強調するのは、平和を維持するための有効な方法は、戦争を「なくす」ことではなく、「コントロールする」ことにあるという考えである。戦争を不法化したり道徳的な悪として裁断したりする思考、つまり戦争に対する「最終的な解決」を求める思考を、永井は有効でないと退ける。加えて、そのようなアプローチは、いったん戦争が勃発すると、武力使用をコントロールする実質的な手段を欠くため、かえって危険でさえある。むしろ必要なのは、たとえば「性の世界」に対する人間理性の挑戦として「バース・コントロール」が行なわれているように、「暴力の世界」に対して民主的管理を施す「軍事コントロール」の方法ではないかと、永井は問いかける（永井　一九六七：二〇〇）。戦争や敵を一掃する「最終解決」を求めるのではなく、敵の存在を認めながら、より悪の少ないオプションを模索する対他的な行為を互いに積み重ねること。その忍耐と自制の「迂路」が、「恐怖の均衡」を「慎慮の均衡」へと転換することのできる唯一の道であると、永井は結論づける。

（5）のちの一九七六年、神島二郎はこの著作によって丸山が「わが国における行動論的政治学のパイオニアとみなされている」と評した（神島　一九七六：一一～一二）。

（6）なおこの時期、永井は『心理学事典』（平凡社、一九五七年）の「政治心理学」項目および『社会学辞典』（有斐閣、一九五八年）のリースマンやラスウェルに関連する項目を多数執筆している。

三　『柔構造社会と暴力』——成熟不可能の社会における技術と政治

一九六五年から一九六六年にかけて発表された以上の諸論文は大きな反響を呼び起こした。当時『中央公論』の編集をつとめた粕谷一希によれば、永井の文章を読んだ三島由紀夫が中央公論の島中鵬二社長に永井との面会を要請したこともあったという（粕谷ほか　二〇〇九：一四）。これらの論文はすぐに単行本化され、一九六七年、永井の初の著書『平和の代償』が出版される。国際政治学者の武者小路公秀は『読売新聞』に寄せた書評のなかで、「日本の将来を考える場合にさけて通ることのできない必読の書」と高く評価した（武者小路　一九六七）。一方、永井の国際政治論を「アメリカ的な」国益概念を前提にした大国主義的な抑止戦略論と見る共産党からの批判は、当時、この類の議論が左翼側からどのように受け止められたかを示してくれる（矢留　一九六九）。『平和の代償』所収論文の執筆を前後とした一九六〇年代半ばから後半にかけて、永井は精力的な著述活動を展開した。一九六五年には篠原一との共編著『現代政治学入門』（永井・篠原　一九六五）

が出版され、翌年の『年報政治学』には独創的なアメリカ論「なぜアメリカに社会主義はあるか」が掲載される。また一九六八年には『現代人のための名著』(講談社)に丸山眞男『現代政治の思想と行動』、ヒトラー『わが闘争』、ジョージ・オーウェル『一九八四年』というユニークな選定を行なう一方、平凡社のアンソロジー「現代人の思想」第一六巻『政治的人間』の編集をつとめ、長文の解説を書いた。そしてデイヴィッド・リースマンの著作『政治について』(リースマン 一九六八)を翻訳する傍ら、総合雑誌などが主催する座談会や討論にも多数参加している。学術界とジャーナリズムをまたがって目覚ましく活躍した、永井の全盛期ともいえよう。

成熟不可能の社会

以上のような活動のなかで、永井は『中央公論』一九六八年七月号の巻頭シンポジウム「〝学生の反逆〟と現代社会の構造変化」に参加した。いいだ・もも、菊池昌典、高橋徹、萩原延寿という、比較的に若い論者たちが集まったこの討論会で、当時四四歳の永井が最年長者であった。ここで永井は、マルクーゼの「抑圧的寛容論」を下敷きにしながら、いわゆる「後進国」と異なる「先進国」の学生運動の特質について次のように述べる。

共産圏や後進地域における学生運動を「硬構造社会における反抗」、先進資本主義における学生運動を「柔構造社会における反抗」と規定してみる。霞ヶ関の高層建築は地震が起きても吸収してしまう構造になっていて柔構造建築だといわれている。マルクーゼも指摘しているのですが、制度や階級の硬さをもつ時代には、反体制運動、抵抗運動といった地震がくるとひっくり返ってしまうような社会構造であったのが、現代の先進資本主義国は、抵抗や反抗をみごとに吸収できるような構造の社会になっていて、反体制政党をつくって抵抗することは痛くもかゆくもない一種の管理社会になっている。のれんに腕押しのような、なんとも言いようのない、やりきれない不満が学生運動に集中的にあらわれてくる（いいだほか　一九六八：五三）。

抵抗してもダメージを受けず、むしろその抵抗を吸収してしまう「柔構造」の現代社会。永井にとって、それは抵抗と対立を通じてのみ得られる、新しい世代の社会化と成熟を阻害するという点で問題的である。かつては父親や教師など、年長者の持つ硬い権威が存在し、若者はそれに抵抗することを通じて自我を確立していったが、現代において、大人はかつてのような抑圧的な権威を失っている。それは若者からすれば、彼らを押し付ける抵抗物がなくなった代わりに「明確な、安定した自己の存在証明《セルフ・アイデンティフィケーション》を確立する青春期が失われてしまった」ことを意味する（いいだほか　一九六八：五三〜五四）。

このように「のれんに腕押しのような、なんとも言いようのない、やりきれない不満」に駆り立てられた青年たちは、自ら手応えのある抵抗物をつくり出そうとする。したがって彼らは「車をとばし、デモをやり、挑発する。そうすると国家権力が襲いかかってくる。そのとき初めて、生命の充実感と爽快な肉体的解放感、仲間との連帯感、よくぞ人間に生まれてきたという実感を味わう」と永井は分析する（いいだほか　一九六八：五四）。つまり若者たちが求めているのは大人の生ぬるい温情や理解ではなく、彼らの苦悩と真剣に向き合ってくれる本物の抵抗物だというのが、永井の見解であった(7)。

七月のシンポジウムで示された「柔構造社会」の発想をより拡張的に展開したのが、『中央公論』一九六八年一一月号に発表された論考「柔構造社会における学生の反逆」である。そのなかで永井はエリク・エリクソンの発達心理学、特に彼のライフサイクル論に依拠しながら、人生を連続した一本の糸ではなく、ライフサイクルの各段階に応じてそれぞれ「結び目」や「節」を持つ非連続の連続として捉える。ここで重要なのは、「人間が充実した力を内部に獲得し、外界と自我との調和ある内面的秩序の安定性を確保するには、それぞれの〝結び目〟において特有の徳目を習得する必要」があるという点である（永井　一九七一b：四五）。たとえば幼児における「希望」「意志」「目的」「自信」、青春期における「忠誠」「献身」、そして成人における「愛」「配慮」「英知」などがそれである。また、以上のような「徳目の習得」が自立した人生を生きるために必要な「知識の学習」と並行して進められるという点が、青年期の特徴である。

以上の観点から見ると、「柔構造社会」における成熟不可能性には二つの要因がある。一つは、七月のシンポジウムでも言及された、「権威」の喪失である。かつての年長者の権威は家庭や学校組織における閉鎖性と規律の強制に支えられたものであり、現代社会において、これらはもはや機能しない。それどころか、現代の若者は幼い頃からテレビや漫画などの「ユース・カルチャー」を通して大人の世界に接しており、それに対してすでに「シニカル」になっている。そうして旧世代との明確な対決を経ずに早熟してしまった現代の青年たちは、抵抗と試練をうちに含む成長期としての青春期の代わりに「虚構の類似成人世界」を経験しているに過ぎないと、永井は批判する。

しかし現代の若者の成熟を阻害するのは大人の権威喪失だけではない。永井は続いて「現代社会は、工業化の課題が完了しているのに、まだ、新しいヴィジョンと価値体系を社会的に定型化（制度化）しえず、むしろ、惰性として業績主義（実力主義）、平等主義、客観主義を社会の全面に拡大していく傾きをもっている」と指摘する（永井 一九七一b：四六）。つまり「権威」の喪失と並んで、「価値」の混乱も出現しているのである。

かつての工業中心社会で必要とされた勤勉や節約、組織への忠誠などの禁欲的徳目は、現代の大衆消費社会においては必ずしも重視されない。しかし、それに取って代わる新しい価値観はまだ明確に示されていない。結局、権威のない大人が説く現実味のない旧式の徳目のみが、青年たちに与えられているのが現状なのである。もし青年たちがそれを拒否し、なお生きがいや生の充実感を求めようとするならば、彼らは新しい社会経済的条件に見合う新しい価値観を自らの力で見つけなければならない。つまりここには青年期固有の、個人的なアイデンティティ・クライシスのみならず、社会全般にわたる価値観のクライシスが重なり合っているのである。

のちの一九八四年、山崎正和は『柔らかい個人主義の誕生』のなかで、明治維新以来一〇〇年間追求されてきた「国家」と「生産」中心の価値観が一九六〇年代を頂点として衰退し、一九七〇年代以降には「消費」中心の新しい個人主義の倫理と美学が登場したと分析した。永井の議論は、その転換期の変化をリアルタイムでキャッチし、当時の青年たちが経験した意味世界における混乱を的確に抉り出した鋭い診断であった。そして、このように転換期における意味世界の混乱に着目した点に、大人の権威喪失や若者への「しつけ」の欠如を批判した同時期の「保守系」の議論とは一味違う、永井の特徴が現れているといえよう。

世代間闘争のゲリラ化

権威と価値、そして成熟の問題と並んで、永井の柔構造社会論を支える第二の柱は「暴力」である。そして「暴力」こそ、第一期の政治意識論ではほとんど注目されなかったが、第三期の永井においては政治を論じる際に欠かすことのできないものとして重視されるテーマである。いうまでもなく、第二期における国際政治の研究、特に核戦略を中心に据えた安全保障研究を通して永井の「暴力」への関心が深まり、それが第三期の議論に反映されていると考えられる。だが現代の暴力を論じる際、永井が特別な関心を注ぐ対象は、モーゲンソーやウォルツではなく、カール・シュミットである。なかでも永井が注目したのは、シュミットの一九六三年の著作『パルチザンの理論』(8)のなかで展開された「敵」概念の分析であった。

シュミットは『パルチザンの理論』のなかで、王朝時代の戦争における「在来の敵」、フランス革命以降の人民戦争における「現実の敵」、そして現代の世界大戦における「絶対の敵」を区分する。まず王朝時代の戦争は君主間の外交行為の一手段であり、傭兵による限定されたゲームとして行なわれたため、敵への「憎悪」は不要であった。しかしナポレオン戦争を分岐点として、ナショナリズムに伴う敵への激しい憎悪が出現し、さらに戦争が「悪」とされつつ、武器の破壊力が爆発的に増大した現代においては、そのような恐ろしい手段の使用に値する「文明の敵、人類の敵、階級の敵、民族の敵」として、殲滅に値する「絶対の敵」の観念が誕生するに至る。

以上を踏まえて永井が強調するのは、現代のパルチザン闘争における敵概念の特徴である。たとえば毛沢東の闘争には、中国・アジアにおける防御の観点から必要な「現実の敵」と、イデオロギー的に想定される「絶対の敵」とが混在している。つまり中国にとって国境を接している強大国ソ連は「現実の敵」だが、イデオロギー的に対立しているアメリカは「絶対の敵」なのである。問題は、このような「絶対の敵」概念がもたらした、パルチザン活動の正当性の変質である。元来、パルチザン活動は外敵の侵入から土地を守るために立ち上がった民衆の自発的な行動であり、その土着性・防御性において正当性を持つものだった。しかし現代のパルチザンは、イデオロギーの対立による抽象化を通して「絶対の敵」を想定しており、国際的・革命的攻撃性を帯びるようになった点を永井は問題視するのである。

さらにすすんで、永井は学園紛争の様々な様相に現代のパルチザンとの共通点を指摘し、「世代間闘争のゲリラ化」にこそ現代の世代対立の特徴があると断言する（永井　一九七一b：三二）。世代間の対立そのものは人類歴史上最も古い対立の一つであるが、かつての世代間対立は「決してゲリラ戦ではなかったことに決定的・質的な違いがある」（永井　一九七一b：三四）と永井は述べる。ここで特に注目すべき点は、世代間闘争が「持久戦」と化しているという永井の指摘である。[9]

永井によれば、現代の青年期は、以前より早まった肉体的成熟とともに早く始まり、また現代社会で必要とされる知識の複雑化・専門化に伴う長い教育過程とともに遅くまで続く。その結果、かつての世代間の対決が「決闘」に近いものだったとすれば、現代のそれは「かつてのように、新旧の価値の対決の決戦場」を持たない「持久戦」と化している（永井　一九七一b：三五）。そのなかで「大学院学生、研究所員、大学病院の医局員、万年助手、研究補助員といった中間的な層」は、この「長すぎる春」の最大の犠牲者にほかならないと、永井は指摘する（永井　一九七一b：六二）。

このように曖昧な形で引き延ばされる「持久戦」は、当然、戦闘員にフラストレーションをもたらす。永井はそのような若者の苦悩に共感を示す一方、学生活動家に著しく表れる主観性と純粋性、ヒロイズムを厳しく批判する。政治的活動における動機の主観性と純粋性は、相手との妥協を許さない頑固な原理主義に偏りやすいため、かえって危ない。したがって「純粋無私」こそが「もっとも恐るべき政治的破壊の源泉」となると述べながら、永井は「純粋」な学生運動の政治的危険性を警告したのである（永井　一九七一b：四三）。彼らは「擬制」や「ふり」、「偽善性」を嫌悪し、それらを旧世代の象徴として拒否する。しかし永井によれば「偽善」や「ふり」こそ、文明と秩序を支える「抑制」の「作為」にほかならない。永井は次のように続ける。

　われわれの文明や秩序というのは、理性的な説得とか、慎重な配慮とか、おもいやり、寛容といった、社会のとりきめのうえに、かろうじて維持されている。かかる秩序感覚は、自然的・衝動的に、そのままの形で、培養されるものではない。自然的欲望や利己心、暴力などを抑制して、節度ある自制をみせる行為や態度に、ある種の作為、ポーズ、ふりがつきまとうのは、そのためである（永井　一九七一b：四四）。

　ここで永井は、ボタン一つで世界を破滅に導くことのできる核時代において、学生たちが叫ぶ「破壊」や「粉砕」がいかに安易な行為であるかを想起させる。「粉砕」すべきものとしての「絶対の敵」観念に囚われ、妥協を許さない「純粋」な学生活動家たちの姿から、永井は秩序を「かろうじて」維持する様々な「制度」を根幹から揺るがす危険を感じ取ったのであろう。たとえば東工大紛争の只中で書かれた論考「ゲバルトの論理」（初出は『中央公論』一九六九年五月号）のなかで、永井は研究室に有毒化学物質を備えた東工大キャンパスがもし占拠されると、それが「都市ゲリラ戦の一大兵器廠」となるかもしれないと書いている（永井　一九七一b：九二）。動機の純粋性ゆえに歯止めの効かない学生たちのラディカリズムと、急激に増大した現代技術の力が結びつくとき、そこに誕生するかもしれない都市ゲリラの最悪のシナリオを、彼は憂慮したのである。

「情報（化）社会」のイデオロギー

以上の議論をここで一度整理してみよう。柔構造社会とは、既成権威の揺らぎと価値観の混乱によって若者の成熟が阻害される現代社会の独特な構造を指す。その結果、新旧世代間の対立は明確な輪郭を失い、決戦の場を持たない曖昧なものとして引き延ばされる。このように「持久戦」と化した青春期におけるフラストレーションについて、永井は理解と共感を示す。だが同時に彼は、学生たちの主観性と純粋性が孕む政治的危険性を警戒し、学生たちが嫌悪する「偽善」こそが、制度と文明を「かろうじて」支えるものであると反論した。

以上に加えて、永井の柔構造社会論におけるもう一つの柱を指摘しておきたい。それは「情報（化）社会」をめぐる論点である。

「情報社会」、または「情報化社会」という用語は日本で造語されたものであり、その概念化に最初の着想を提供したものとしては梅棹忠夫の「情報産業論」（一九六三年）が挙げられる[11]。梅棹は、まだまだこれからの工業化が期待されていた一九六三年の日本で、「工業の時代が物質およびエネルギーの産業化がすすんだ時代であるのに対して、情報産業の時代には、精神の産業化が進行するであろう」と、次の産業構造の変化を予測した。このように次世代産業の中心として「情報」や「知識」に注目する議論には多様な種類が存在するが、なかでも『イデオロギーの終焉』（原著一九六〇）以来、ダニエル・ベルが展開した「ポスト・インダストリアル・ソサイエティ」論[12]（「脱工業社会」または「後期工業社会」と翻訳される）は広く影響を及ぼした。その他、一九六〇年代の欧米ではフリッツ・マハループ『知識産業』（マッハルプ　一九六九）、デニス・ガボール『未来を発明する』（ガボール　一九六六）、アンソニー・ウィーナー、ハーマン・カーン共著『紀元二〇〇〇年――三三年後の世界』（ウィーナー・カーン　一九六八）など、知識産業の到来を展望する著作が次々と発表された。

同じ時期、日本では「未来学」が活発化していった。そこには、前述した知的潮流の影響はもちろん、一九六四年、IBM社の第三世代コンピューターの開発によってパーソナルコンピューター時代の開幕が告げられたことや、一九七〇年の大阪万博に向けて科学技術への関心が昂揚したことなど、社会的な要因も働いていたと思われる。そしてこのような動向の一つの到達点を示すイベントが、一九六八年九月に開かれた日米合同シンポジウム「超技術社会への展開」であった。

参加者の一人である林雄二郎はシンポジウムの議論を取りまとめた一九六九年の文章のなかで、これから「従来の分類における物質的な技術分野と精神的な非技術分野とが相互に融合した新しい社会システムが形成される」とともに「これまでのわれわれの文明を支えてきた物財の生産を中心とする社会が、知識の生産を中心とする社会に移行していく」という予測を述べた（林　一九六九：四～五）。林によれば、このような変化は「いままでの常識では技術の対象とは考えられなかった分野がつぎつぎに技術の対象として浮かび上がってくる」（林　一九六九：五）という、技術のフロンティアの拡大によって支えられるが、それは自然科学だけでなく社会科学においても「技術」が中心となり、人間社会における紛争や葛藤、混乱に対して調停と鎮静効果をもたらす社会工学的な技術が発展していくという展望と結びついていた。このような社会工学的な発想は当時の未来学の特徴でもあり[13]、林は一九六七年、東京工業大学に創設されたばかりの「社会工学科」の教授に着任していた[14]。

以上のような当時の議論に、永井は注意を払っていたように見える。論文「柔構造社会における学生の反逆」のなかには前述の日米合同シンポジウムの様子が詳細に描写されており[15]、「情報革命」「情報産業時代」「情報＝管理社会」「情報社会」といった言葉が相次ぎ登場する。情報量の爆発的な増加とともに、マスメディアを通して情報の影響力・影響圏が拡大するという意味で、現代が「情報革命」の時代であるという診断については、永井も基本的に同意していた。

しかし、永井は当時の情報社会論者の多くの主張に対して批判的な態度をとった。特に永井が問題視したのは彼らの「技術優位」の思考であった。たとえば前述の日米合同シンポジウムの議論を紹介しながら、永井は今後の大学に「リーニア・プログラミング、システムズ・アナリシス、情報理論、決定理論、ゲームの理論、シミュレーション（モデル実験）」などの新しい「知的技術」の教育が期待されるだろうと整理した上で、次のように反論する。

筆者は、現在、東工大に席をおき、新しい知的技術の装備と教育が重要であることを認識している点で、人後におちないと思っている。しかし、未来社会が情報＝管理社会であるからこそ、「大学」は、その方向と一見、逆流するような、保守的機能を保持しなければならない、と信じるのである。というのは、われわれは、簡単に、〝情報〟〝知識〟とよんでいるが、その性格について、また誰が、それを、いかにして伝達していくかについては、深い考察がなされていないように思われるからである（永井　一九七一b：五六）。

永井が見るには、未来学・情報社会論者が強調する「情報・知識」は、価値中立的なものでも、客観的なものでもない。それは情報社会論特有の思考様式が反映された、特定の性格を持つ「情報・知識」である。ここで永井は、知識の種類を「技術的知識」technical knowledgeと「伝習的知識」traditional knowledgeに区分したイギリスの哲学者マイケル・オークショットの議論を援用する。前者の「技術的知識」は「厳密なルールに公式化され、記述できる性質の知識」であり、書籍やメディアを通じて習得できる「正確で完璧なものに定式化できる」知識である。しかし後者の「伝習的知識」は「一見、厳密性を欠くように見える」もの、「体系的に厳密に公式化できない」知識である（永井　一九七一b：五七）。そして現代において軽視されがちな後者の「伝習的知識」の価値を、永井は次のように擁護する。

> それは、それらの活動に従事するまえに、あらかじめ、学習、教授できないものである。活動それ自体に参加し、そこに、ひたりきってはじめて、体得される。「伝習的知識」は、すでにその技術を身につけた先輩や先達から、一種の徒弟修業のような共同体験と人間的接触

をへて、はじめて伝習される。……一般に、あらゆる形態の実践活動（政治、医療、法律、経営管理、外交、軍事指導）に関する、すべてのわざ（art）は、両者の知識＝情報をふくんでいる。多少とも現実感覚と歴史感覚のある人なら、現代人の悲劇は、前者の技術的知識の貧困によるのではなく、むしろ、その過剰と、後者の伝習的知識の軽視、貧困に由来することがわかるはずである（永井　一九七一b：五七〜五八）。

大学や大学院などの高等教育において、技術的知識への偏重はすでに顕著であり、今後ますます深まっていくだろうと永井は予測する。しかし興味深いことに、テクニカルな知識ほど急激に「機械」化されるということも、永井はすでに見抜いていた[16]。だとすれば、人間を人間らしく成熟させるために必要な知識は技術的知識ではなく、ある活動に「ひたりきって」、人と人との間の相互作用のなかでこそ体得することのできる、人間的な「わざ」ではなかろうか。学園紛争のなかで、自らも「ゲリラと化し」、講義室の外で「たえず学生と接触し、大学問題を論じ、真理を追求する情熱の火を燃やしつづけてきた」（永井　一九七一b：一〇三）と述懐する永井を支えたのは、現代における伝習的知識の復権という願望であったのかもしれない。

（7）小熊英二によれば「のらくらした答弁しかしないような「進歩的知識人」より、徹底的に学生の対抗相手となって保守的意見を貫いた林健太郎教授などの方」が、全共闘の学生から好評を呼んだという。「政治的な志向の左右よりも、自分たちのコミュニケーション願望につきあって対話相手になってくれる」かどうかの問題の方が、学生たちにとっては重要だったのである（小熊　二〇〇九：七八八〜七八九）。

（8）酒井によれば、一九六三年のシュミットの著作を一九六五年、丸山が「憲法九条をめぐる若干の考察」のなかで紹介し、一九六八年、永井が『政治的人間』に採録する一連の流れが、戦後日本におけるシュミット解禁につながった（酒井　二〇一四b：一二八〜一二九）。

（9）また永井は学園紛争において、大学当局は「一般学生」が紛争解決の鍵を握ると期待しているが、「一般学生」の間には学生活動家たちに対する「ある種の共感と暗黙の了解がある」ことを指摘し、「すべてのゲリラ活動がそうであるように、かかる暗黙の支持と共感の大海なしには、活動家のあの傍若無人の泳ぎぶりはとうてい不可能である」と述べている（永井　一九七一b：三三）。

（10）たとえば非正規性、隠密性、敵イメージの現実性、行動の持つパブリシティの重視、行動の即興性、流動性、無計画性、動機づけの主観性と純粋性、ヒロイズムなどが挙げられる（永井　一九七一b：四二〜四三）。

（11）「情報化社会と情報社会は、ともに日本で発案された概念である。情報化社会は梅棹忠夫が見通し、林雄二郎によって名づけられ、情報社会は増田米二、香山健一が用い、増田が英訳（Information Society）して世界にひろめたものである」（小山　二〇一一：一三二）。

（12）ベルがこの議論を集大成するのは『脱工業社会の到来』（一九七三年）においてであるが、すでに一九六〇年代から彼は「ポスト・インダストリアル・ソサイエティ」における社会の原動力として「知的技術」intellectual technology の重要性を強調していた。たとえば Daniel Bell, *The Reforming of General Education: The Columbia College Experience in Its National Setting* (Columbia University Press, 1966) が一例である。

（13）たとえば香山健一「自然科学的技術から社会的技術へ」『中央公論』一九六八年二月号など。

（14）一九六〇年代半ばの東工大の大学拡充計画ではもともと理学部、工学部、社会工学部の三学部制が構想されており、社会工学部には社会工学科、情報工学科、経済工学科の三学科を設置する予定であった。しかし結局「社会工学部」の創設には至らず、「社会工学科」は「工学部」に所属することになった。ちなみに永井も同大学大学院社会工学専攻の「政策決定論」の授業を担当していた（東京工業大学　一九八五：五〇二〜五一三）。

（15）文面から判断するに、永井はおそらく『読売新聞』一九六八年一〇月二日夕刊の記事を参照していると思われる。「超技術社会」という耳慣れない用語について、この記事はそれがダニエル・ベルの造語であるかのように報じており、永井もそのように理解しているように見える。しかしシンポジウムの報告文集から判断するかぎり、これはベルの造語ではなく、日本の主催側の発案によるものと考えられる。なお、本シンポジウムの詳細については第三章〔山本〕を参照されたい。

(16) 永井は「情報革命の結果、皮肉にも、技術的知識の貯蔵、処理、伝達はますます機械化され、「大学」がその専門技術に固執するかぎり、他の多くのライバルの出現で、その正統な独占権をいちじるしく失っていくだろう」と述べている（永井 一九七一b：六〇）。

四 政治問題は「パズル」ではない

あまり知られていない永井の初期作に、一九五六年の論文「認識の象徴と組織化の象徴——ウェルドンの『政治学の用語』をめぐって」（永井 一九五六）がある。そのなかで永井は、政治「問題」という表現は言語上の混乱を招くという、イギリスの政治学者T. D. ウェルドンの興味深い議論を紹介する。ウェルドンによれば、「問題」problemには、実は性質を異にする二つのものが含まれており、一つは「難問」または「パズル」puzzlesを、もう一つは「障碍」または「困難」difficultiesを意味するという。そして前者には正解が一つあるが、後者には正解がない。「困難」は、克服するか、減殺するか、回避するか、無視するかのいずれかによってしか対処できないのである。この論点について永井は次のような説明を付け加えている。

政治問題は、パズルではなく障碍（または困難）である。むろん、自然科学や工学技術の発達は、じゅうらい、障碍とおもわれた問題をたえずパズルに転化して、それに数式を適用し、そこから正解をひきだすことによって進歩してきた。……しかし、政治問題がすべてパズルに作りかえて解決しうると考えたら、それは政治とエンジニアリングとを同一視し、この世界が、神によって作られたパズルであって、唯一の正解がありうるはずだという謬見にみちびく。たえず発生し変動する政治的障碍に対するものは、経験的な叡智にもとづくステーツマンシップ以外にありえない（永井 一九七一a：一〇四～一〇五）。

晩年に至るまで、永井はこの「パズル」と「困難」の比喩を好んで用いた。そして一九八〇年代には、世界を「神によって作られたパズル」のように考える思想を「グノーシス主義」と称し、そのような考え方が共産主義、ナチズム、科学信仰など二〇世紀精神構造の根底に横たわっていると指摘した（永井 一九八五：三二～三四）。これらの思想には、歴史を究極的に一つの原因へと還元する思考とともに、歴史を動かす個人の責任に対するシニカルな嘲笑が窺えるというのが、永井の批判の核心であった。

巨大なイデオロギーが提供する安易な「正解」に頼ることなく、また「最終解決」を約束する技術的な思考に性急に走ることなく、永井は「地上の現世を制約する「人間の条件」（conditio humana）を何の幻想もなく直視することのできる「英知」（sophia）と「慎慮」（prudentia）の能力」に信頼を寄せる（永井 一九八五：三三）。このような永井の志向は、物事の背後に隠れた「本質」を想定する思考を「幻想」として拒み、「本質に先立つ実存」を唱えた戦後の実存主義と通じるところがある。「大日本帝国」の神話の崩壊後、焼け跡のなかで育まれた戦後の実存主義こそ、坂口安吾に共鳴する「現実主義者」永井を読み解く、一つの重要な鍵なのかもしれない。

参照文献

※本章で言及した永井陽之助の著書
永井陽之助（一九五六）「認識の象徴と組織化の象徴――ウェルドンの「政治学の用語」をめぐって」『思想』一九五六年五月号。

――（一九五三）「H・D・ラスウェル『国家の安全と個人の自由』」『国家学会雑誌』六六巻五・六・七号。

――（一九六〇）「政治学の基礎概念――現代政治学の方法論的基礎」今村成和（編）『法学政治学論集――北海道大学法学部十周年記念』有斐閣。

――（一九六五）「米国の戦争観と毛沢東の挑戦」『中央公論』一九六五年六月号。

――（一九六六ａ）「日本外交における拘束と選択」『中央公論』一九六六年三月号。

――（一九六六ｂ）「国家目標としての安全と独立」『中央公論』一九六六年七月号。

――（一九六七）『平和の代償』中央公論社。

――（一九七一ａ）『政治意識の研究』岩波書店。

――（一九七一ｂ）『柔構造社会と暴力』中公叢書。

――（一九七八）『冷戦の起源――戦後アジアの国際環境』中央公論社。

――（一九八二）「日本外交における〝自然〟と〝作為〟」『中央公論』一九八二年六月号。

――（一九八五）「二十世紀と共に生きて」永井陽之助（編）『二十世紀の遺産』文藝春秋社。

——・岡崎久彦（一九八四）「対論　何が戦略的リアリズムか」『中央公論』一九八四年七月号。

——・篠原一（編）（一九六五）『現代政治学入門』有斐閣。

H・D・ラスウェル（永井陽之助訳）（一九五四）『権力と人間』東京創元社。

——（永井陽之助訳）（一九五五）「行動科学における決定過程の研究」『思想』一九五五年一〇月号。

デイヴィッド・リースマン（永井陽之助訳）（一九六八）『政治について』みすず書房。

※永井陽之助以外の著作

いいだ・もも・菊池昌典・高橋徹・永井陽之助・萩原延寿（一九六八）「〝学生の反逆〟と現代社会の構造変化」『中央公論』一九六八年七月号。

アンソニー・ウィーナー・ハーマン・カーン（一九六八）『紀元二〇〇〇年——三三年後の世界』時事通信社〔原著一九六七年〕。

小熊英二（二〇〇九）『一九六八（下）——叛乱の終焉とその遺産』新曜社。

小野寺研太（二〇一七）「「変革」思想のリアリズム——大衆社会論から観た松下圭一と永井陽之助」『社会思想史研究』四一号。

粕谷一希・中本義彦・中山俊宏（二〇〇九）「追悼　永井陽之助——鼎談『平和の代償』の衝撃」『外交フォーラム』二二巻五号。

神島二郎（一九七六）「まえがき」『年報政治学』一九七六年。

河合栄治郎（一九二八）「大学々園に於る自由主義の使命を思ふ」『改造』一九二八年六月号。

小山昌宏（二〇一一）「現代における情報社会概念の再検討——情報化社会における「情報文化」と「社会文化」の融合について」『社会文化研究』一三号。

デニス・ガボール（香山健一訳）（一九六六）『未来を発明する』竹内書店〔原著一九六三年〕。

酒井哲哉（二〇一四ａ）「永井陽之助と戦後政治学」『国際政治』一七五号。

――（二〇一四ｂ）「未完の新左翼政治学？――丸山眞男と永井陽之助」『現代思想』四二巻一一号。

張　帆（二〇二二）「冷戦後期の防衛論争と日本的現実主義」『日本研究』六三号。

土山實男（二〇一三）「国際政治理論から見た日本のリアリスト」『国際政治』一七二号。

東京工業大学（編）（一九八五）『東京工業大学百年史　部局史』東京工業大学。

中本義彦（二〇〇九）「論争家としての永井陽之助――政治的リアリストの立場と現実」『中央公論』二〇〇九年六月号。

――（二〇一五）「「実践的思惟」としてのリアリズム―永井陽之助の政治学と「アメリカン・ソーシャル・サイエンス」」『静岡大学法政研究』二〇巻二号。

中山俊宏（二〇〇九）「追悼永井陽之助――人間の実存と向き合った政治学」『中央公論』二〇〇九年五月号。

――（二〇一三）「解説」永井陽之助『冷戦の起源』中公クラシックス。

林雄二郎（一九六九）「超技術社会への展開」林雄二郎・科学技術と経済の会（編）『超技術社会への展開――情報化システムと人間』ダイヤモンド現代選書。

ダニエル・ベル（岡田直之訳）（一九六九）『イデオロギーの終焉――一九五〇年代における政治思想の涸渇について』東京創元新社（原著一九六〇年）。

フリッツ・マッハルプ（高橋達男・木田宏監訳）（一九六九）『知識産業』産業能率短期大学出版部（原著一九六二年）。

丸山眞男（一九五〇）「ラスウェル『権力と人格』」『年報政治学』一号。

――（一九五二）『政治の世界』御茶の水書房。

武者小路公秀（一九六七）「きびしい国際環境の中で日本の道を説く　永井陽之助著　平和の代償」『読売新聞』一九六七年二月一六日夕刊。

矢留一太郎（一九六九）「現実主義者の国際政治観――永井陽之助批判」『前衛』一九六九年五月号。

蠟山政道・堀豊彦・岡義武・中村哲・辻清明・丸山眞男（一九五〇）「討論　日本における政治学の過去と将来」『年報政治学』一号。

第三章　高度経済成長期における黒川紀章の思想と実践

――「やわらかい」建築と「かたい」カプセル

山本　昭宏

一　ブレーンとしての建築家

建築家が巨大建築を構想するさいには、社会の多様なアクターとの現実的かつ象徴的な調整が欠かせない。理由は簡単で、巨額のカネが動くからである。カネを出す側との調整――つまり公共施設ならば自治体や納税者やコンペの審査員、業界団体の施設であればその団体、宗教建築であれば教団と信者、企業のビルならば経営者との調整は不可欠である。建築家は、空間における人の移動・行動を根本的にデザインするという意味で象徴的な権力を有しているが、それと同時に、自らの構想を実現するために、いつも外部の権力を必要とする。さらに、建築家は経営者・指導者としての顔もある。コンペやプレゼンのための模型作りや施工主との調整のために設計事務所を運営し、その経営者・指導者として、社員やアルバイトなどのスタッフと自らの思想を共有する必要があるからである。

言い換えるならば、物理的建造物を具現化するさい、建築家はそのコンセプトを、ありとあらゆる他者に説明（プレゼン）しなければならないということだ。したがって、建築家はコンセプトを語る思想家・知識人としての顔だけでなく、政治家・実業家・セールスマンの顔も併せ持っている。近現代の日本社会で巨大建築を残した建築家たちは例外なく、多様な顔を併せ持つ存在だった。

そうした建築家たちのなかで、ひときわ異彩を放っているのが黒川紀章（一九三四～二〇〇七）

である。異彩と表現したのは、晩年に都知事選や参院選に出馬して耳目を集めたからでもなければ、日本内外で華々しい受賞歴を持つからでもない。彼の経歴が他の建築家と明らかに異なるのは、政財界のブレーン役としての活動の多さである。

一例を挙げよう。一九七〇年代末の大平正芳政権下に置かれた九つの政策研究グループの存在はよく知られる。ブレーンとしての知識人たちが表立って政権に関与し始める端緒のひとつとして、現代でも注目される政策研究グループである。これらを立ち上げるにあたって、大平は運営方法や内容については口出しをしなかったが、メンバーの選定に際しては、在野の碩学を集めることと、二一世紀にかけて活躍できる三〇代から四〇代の若手・中堅を集めることを条件に挙げたという（福永 二〇〇八）。こうして黒川紀章にも白羽の矢が立った。黒川は九つの政策研究グループのうち「田園都市構想研究グループ」「総合安全保障研究グループ」「文化の時代研究グループ」の三つのグループに参加した。建築家としては異例のことである。

そもそも、黒川紀章は、一九六〇年代以来、マス・メディアに積極的に登場したスター建築家だった。小説の主人公になった建築家は彼くらいだろう(1)。そのため、同時代に与えた知的影響は大きかった。しかし、同じく政策研究グループに関与した山崎正和や香山健一、あるいは村上泰亮や公文俊平、佐藤誠三郎らの大学人たち――彼らは本書の各章でもたびたび登場する――とは異なり、黒川の思想が語られる機会は決して多くはない。

黒川は、一九六〇年代から未来学や社会工学に関わって政・財・学界との人脈を形成し、各種制度設計にも関わった。彼の思想と、彼が関わった未来学・社会工学の思想には、重なるところがある。重なる部分は、表面的には社会全体を論じるさいの幅の広さや耳目を引くアイデアなのだが、本質的には、すでに社会に存在している要素やシステムに注目して、それをある意味ではラディカルに推進する（あるいは推進した先を思考実験的に展望する）ことで問題を解決できるという思想である。別の言い方で説明してみよう。社会システムの未来をシミュレートする際には、土台となる緒要素や設定を固定する必要がある（その作業がないとシミュレーションにならない）。そのため、たとえば未来において政治体制が根本的に変わっているというような土台を覆す想定は「それはまた別の話」として基本的には排除される（フィードバック機能として取り込まれる場合もあるが）。それゆえに、既存の仕組みが続くことを前提としがちな政界や財界にとって、黒川の思想や未来学・社会工学は、現実的な説得力を有しているようにみえたのである。そこに、黒川と未来学・社会工学とをつなぐ、〝リベラル・モダニズム〟の思想史的な特質があったともいえよう。

黒川紀章の場合は、「壊しやすい建築」「移動する人間（ホモ・モーベンス）」「カプセル」などのアイデアのなかに、未来学的・社会工学的と呼びうる彼の思想が表れていたわけだが、彼の思想がすべてそのまま実現したわけではなかった。黒川は、自身の思想をどの程度まで実践・展開できたのだろうか。

（1）小松左京の小説『日本タイムトラベル』（小松　一九六九）は、「白山喜照」という主人公が日本全国を周るが、その描写や名前は明らかに黒川をモデルにしている。

二　メタボリズムと「やわらかい」建築

黒川の生涯を知る上で、ジャーナリストの曲沼美恵による『メディア・モンスター——誰が「黒川紀章」を殺したのか？』（曲沼　二〇一五）は外せない書物である。関係者へのインタビューも行ない、黒川の人生を整理しながら、黒川の資質に切り込んだ重要文献である。曲沼の議論を読めば、黒川の際立った才能の多面的な展開がよく理解できるだろう。

生前の黒川の建築家としての業績は、建築誌や美術史で組まれた多くの特集でもいわれているように、世界水準であり、戦後日本を代表する建築家のひとりであることは間違いない。しかしながら、黒川に関する研究は多いとはいえないのが現状である。思想史研究には、渡辺哲男による「黒川紀章と椎尾弁匡における「共生」思想の影響関係——戦前戦後における「個人」・「国家」・「天皇」をめぐって」（渡辺　二〇二三）があり、黒川の来歴を重視しつつ思想的意義を論じているが、渡辺のような問題意識から黒川が論じられることは稀である。黒川の「語られなさ」は、ほぼ同世代の建築家・磯崎新が、ポストモダンとも呼ばれた一九八〇年代以降の世界の知的潮流に受け入れられたのと好対照をなす。その他で黒川を論じたものとしては、一九五〇年代末から六〇年代初頭の若い建築家たちによる一種の芸術運動としてのメタボリズムを論じる文脈で、黒川の名前が挙がる程度だろうか。

研究の少なさには、黒川の多面的な活動が影響しているのかもしれないし、黒川の思想の「耐用期限」が、表面的には一九七〇年代までで切れていると見なされているのかもしれない。「耐用期限」という含みを持たせた書き方をしたのには理由がある。一九六〇年代から七〇年代まで、黒川は「メタボリズム」「ホモ・モーベンス」「カプセル」などの耳目を集めやすい発想をわかりやすく語り、時代の先を提示することに熱心だった。学問の究極目標は予言だ——と述べたことさえある。彼の思想と行動は、晩年に至るまで人々を惹きつけ続けたが、彼の思想と行動の表面は、時代によっておおきく異なっていた。その変化の速さは、時代に寄り添い続けようとする者についてまわるものだが、それゆえに「耐用期限」も短く見えてしまう。

【図3-1】黒川紀章と中銀カプセルタワービル

（出典）NHKのWEB特集「さよなら黒川紀章の名建築」より引用。
https://www3.nhk.or.jp/news/html/20220426/k10013597351000.html

黒川の作品で人々の記憶に残っているのは、いまでは中銀カプセルタワービル（二〇二二年に解体）くらいではないだろうか。

以下、曲沼の著作に依拠しながら黒川紀章の来歴と思想を確認しよう。黒川紀章は一九三四年、愛知県蟹江町に生まれた。建築家だった父親が終戦後の焼け跡に立って「またいちから街をつくらないといけないな」と言うのを聞いたのが建築を志すきっかけになったという。自然のようにそこにあるものだった街を、「つくる」ことができるという点に、関心を抱いたのだった。その後は名古屋市内の東海学園を経て、京都大学建築学科では西山卯吉に学び、東京大学大学院で丹下健三の指導を受ける。「東の丹下、西の西山」と並び称され、その建築思想が比較の対象にもなったふたりのもとで、黒川は学んだのである。

京都大学で黒川が学んだ西山卯吉は、建築における戦後民主主義思想を体現する人物だった。西山は、その場所のランドマークとなるような巨大建築ではなく、人々の暮らしに添った住宅の設計に情熱を注いだ建築家である。その西山にとって、住宅が欠乏していた戦後復興期の都市は自らの思想が試される広大な領野だった。

黒川は、京都大学在学中に日本建築学生会議という学生組織の委員長に就いていた。この学生組織についての詳細はわからないが、学生活動家としてすでにそれなりに知られていたのであり、これは彼のリーダーシップや権力への意思を示す一挿話ではあるだろう。当初は西山の思想に惹かれていた黒川だったが、自身のなかにある作家主義的創造力を自覚するにつれて、丹下健三により惹かれるようになったという。こうして、黒川は東京大学大学院への進学を決めるのだった。

一九五九年、建築の理論運動団体「メタボリズム・グループ」が結成される。背景にあったのは、世界デザイン会議の準備会だった。東大の丹下研究室の番頭格だった浅田孝が世界デザイン会議の事務局長に就任し、会議の準備のために非公式の会合を繰り返していた。そこに集まったメンバーの大高正人、槇文彦、菊竹清訓、粟津潔、栄久庵憲司、川添登が「メタボリズム・グループ」の基盤となった(曲沼 二〇一五)。そのなかで最年少だったのが、黒川紀章である。

彼らの議論をまとめるコンセプトとして編集者の川添登が選んだのが「メタボリズム(新陳代謝)」という言葉だった。細胞が新陳代謝を繰り返すように、建築もまた生命体として捉えるべきであり、それが来るべき都市の論理となるというが根本的な発想である。建築とはずっと残り続けるモニュメンタルなものという発想とは真逆であり、文明論的な構えを備えているところに彼らの新しさがあった。しかしながら、建築家たちが共有していたのは萌芽的ヴィジョンであって、当然ながら彼らはそれぞれ独立した建築家としての個性を持っていた。また同時代には、磯崎新のように「メタボリズム・グループ」の近辺で同様の着想を発表している建築家もいたのであって、「メタボリズム・グループ」の新しさが、その思想・発想そのものにあったとまでは言えない(2)。

それならば、メタボリズムを集団による世代的主張として打ち出したところに、彼らの新しさがあったということなのか。実はそうともいえない。たとえば、磯崎新・伊藤ていじ・川上秀光の三人は、「小住宅設計ばんざい」（磯崎ほか　一九五八）を発表して、西山卯吉や池辺陽らの年長世代が打ち立てた小住宅設計に対して、住宅は建築ではないという厳しい批判を試みていた。いずれにせよ、「メタボリズム・グループ」とその周辺の人々に共通していたのは、従来の近代建築とは明らかに異なる未来志向と細胞の新陳代謝のイメージに表れている有機的な「やわらかさ」だったというべきだろう。

メタボリズムの理解の方法も、各人各様だった。黒川の場合は、あるときには新陳代謝の思想を導入することで、壊すことを織り込んだ新たなスタイルの建築が可能だと現代性を押し出すこともあれば、メタボリズムとは生生流転でありそこには日本的思想があるとして、日本文化論の側面を押し出すこともあった。黒川はメタボリズムを打ち出したが、それはあくまで彼のその時々の建築や発言に合うようにうまく利用できる限りにおいてだったのかもしれない。

黒川のメタボリズム的関心は、一九六〇年の時点においては「プレファブ住宅」という形式をとって表面化した。プレファブ住宅とは、部材を工場で生産・加工し、建築現場でそれらの部材を組み立てるという形式の住宅で、低コストで量産可能な点に利点があった。そこには西山卯吉に惹かれた過去の黒川の関心が伏流しているといえるだろう。当時の黒川の構想は、『プレファブ住宅——組立式コンクリート住宅』（黒川　一九六〇）にまとめられているが、この時点でのプレファブ住宅は増え続ける住宅需要に応えるための即席かつ柔軟な規格型の住宅に過ぎなかった。その後、黒川はプレファブ住宅に込められた思想を発展させていく。それは、住む人間の主体性をよりドラスティックに表現できるカプセル建築として構想されることになる。カプセルについてはのちに検討するとして、さきに一九六〇年代の黒川の足跡を辿っておこう。

（2）磯崎の「孵化過程」（磯崎　一九六二a）や「都市破壊業KK」（磯崎　一九六二b）を念頭に置いている。磯崎は「多元的マトリックス」という言葉で、増殖・崩壊する生態系としての都市を捉えようとしており、都市とはプロセスだと述べた。「メタボリズム」と近い着想だといえる。なお、磯崎は「孵化過程」において、廃墟の石柱の写真とイラストとのコラージュの下部にハイウェイと自動車を描き込んでおり、未来都市の交通手段としての高架道路に、黒川紀章と同様に関心を抱いていたように思われる。

三　政財界と未来学・社会工学

一九七〇年の朝日新聞の取材の際、売れっ子になった秘訣は何かという記者の質問に答えて、黒川は次のように述べた。

ボクのつき合っているヒトの範囲が広いってことかナ。ハイティーンのラジオ番組に出たり、明治生まれの財界人相手に講演したり、政府の審議会に出席したり、大使館のレセプションや、かと思うと生け花の人たちと座談会、ファッションの関係者、ニュータウンのことで

地元の農民たちとも話します。幅の広さがボクの特色でして……（朝日新聞　一九七〇）

このように、彼は政財界のみならず学界との人脈づくりに非常に熱心だった。これといったパトロンを持たない建築家としてスタートした黒川は、その才能が認められても、巨大建築で名を上げるような機会はなかなか訪れなかった。さらに建築界で継続して仕事を続けるためにも、政財界とのパイプは必要であり、自らのオーラを構築するためには学界との交流も欠かせなかった。

黒川が人脈を広げることのできた背景として、高度経済成長の奔流とそれへの対応に乗り出していた政財界の動きを指摘できる。都市部においては増え続ける人口に対応するための住宅や都市インフラの問題、地方においては工業地帯や港湾・山林部の開発の問題、都市と地方を結ぶ交通の問題などへの対応を、政財界は迫られていた。急激な社会変容をいかに捉え、いかに対応すべきなのか。これまで経験したことのない問題に直面した政財界は、シンクタンク的な団体を作るなど、若手から中堅の知識人たちの意見を吸い上げるための仕掛けづくりに積極的であり、またそれが「最先端」の試みに見えたのである。そこではアメリカのケネディ政権とシンクタンクの関係が念頭に置かれていたのかもしれない。そして、若手から中堅の知識人たちも、耳を傾けてくれる政財界の期待に応えようとした。

黒川は、経済企画庁の「大規模プロジェクト研究会」の委員や、「全国総合開発計画」への関与を皮切りに、各種の委員に就くようになる。なかでも黒川の活動にとって重要だったのは次の二つの団体、社団法人「科学技術と経済の会」と株式会社「社会工学研究所」だろう。「科学技術と経済の会」は一九六六年に発足した産業団体で、経営・経済に関する産業界の交流活動や科学技術と経済に関わる研究活動を行なうことを目的としていた。初代会長は安川第五郎が務め、一九六九年にはローマ・クラブの東京事務局となり、一九七三年には第二代会長に土光敏夫を迎えるなど、発足当初から産業界で確固たる地位を占めていた。「科学技術と経済の会」の未来部会は、総理大臣の諮問機関・科学技術会議のメンバーだった篠原登を部会長に置き、研究員には黒川のほか、林雄二郎（東工大、社会工学）、牧野昇（三菱製鋼市川製作所）、岸田純之助（朝日新聞）、唐津一（松下通信工業開発部）らを集めて定期的に研究会を行なっていた（黒川 一九七七：三〇九）。この未来部会の活動の「成果」として、国際シンポジウムを挙げることができる。以下、三つのシンポジウムについて、参加者を中心に確認しよう。

第一に、一九六八年に東京プリンスホテルで開催された日米国際シンポジウム「超技術社会への展開（perspectives on post-industrial society）」がある。アメリカ側の共催相手は「西暦二千年委員会」（委員長はダニエル・ベル）だった。シンポジウムの議題は技術革新、情報革命、ライフサイエンス。討論者には、石田英一郎、今西錦司、梅棹忠夫、中根千枝、高坂正堯、武者小路公秀、中山伊知郎、大来佐武郎、坂本二郎、北川敏夫、丹下健三、香山健一、小松左京、川添登の名前が並んでいた（読売新聞 一九六八）。一九六〇年代後半に活躍した日本の非革新系知識人・文化人の一覧を見ているかのような陣容である。

第二に、一九七〇年に開催された国際シンポジウム「高度選択社会（multi-channel-society）」。高度選択社会という議題設定は、未来学が対象とする未来社会が高度に管理された社会になるのではないかという批判や不安に応えるためのものだった。林雄二郎にはこのシンポジウムと同じタイミングで『高度選択社会』（林　一九七〇）を発表したが、そこではユーザーである市民・消費者によるフィードバック機能を組み込んだ社会システムの設計が課題とされた。

第三に、一九七〇年四月に京都・国際会議場で開催された国際未来学会議である。この国際会議の特別セッションには、黒川をはじめとした「科学技術と経済の会」未来部会のメンバーらが登壇。「あそび」や「ゆとり」を重視し、複数価値の共存する柔構造社会を提唱したと報じられたように、山崎正和や永井陽之助の発言が目立った（読売新聞　一九七〇）。永井陽之助が提唱した「柔構造社会」については、本書の第二章で趙星銀が論じている。「柔」という言葉には多元的秩序への指向性と改変可能性を事前にシステム内部に組み込んでおくフィードバック的発想が込められているが、それは本書が確認してきたように、メタボリズムの建築家たちと共有する発想だった。

さて、これらのシンポジウムで、黒川が具体的に何を述べたのかまではわからない。しかし、そのための準備会なども含めて、黒川が「科学技術と経済の会」未来部会のメンバーから多大なる着想を得ていたことは、著書『ホモ・モーベンス――都市と人間の未来』（黒川　一九六九）を読めば明白である。同書については次節で確認しよう。

「科学技術と経済の会」の未来部会のシンポジウムについて確認してきたが、未来部会という名称についても、補足をしておこう。未来部会という名称の背後には、未来学の興隆があった。日本における未来学の興隆に際して、重要な役割を担ったひとりが林雄二郎である。彼は六〇年代後半に官僚から学者に転身し、当時は未来学者を名乗っていた。著書『二〇年後の豊かな日本への一つのビジョン』(林 一九六五)や『未来学の日本的考察』(林 一九六八)、あるいは監修を務めた『未来学の提唱』(執筆者は林のほか、加藤秀俊、梅棹忠夫、川添登、小松左京、香山健一など(林ほか一九六七))を発表し、未来学の提唱者兼啓蒙者的な存在としてよく知られていた人物である。林はまた「未来工学研究所」の所長であり、東工大の社会工学科の立ち上げメンバーでもあった。

未来学と社会工学には重なり合うところがあるが、このあたりの事情については、近年の社会学でも関心が払われており、栗田宣義・向正則による議論がある(栗田・向 二〇二三)。社会工学は学際的学問領域であり、扱う対象は多岐に及ぶ。ここでは東工大が社会工学科を設置したときの学長・大山義年が述べたとされる次の言葉を紹介しておく。大山は、一九六〇年代の交通渋滞や郊外や地域開発などの社会問題に対する工学的なアプローチを「社会工学」と措定しておくと述べたという(石原 一九七九:一三四五)。このように、社会工学は社会問題を工学的に解き明かす(対処する)ことを掲げた学際的な学問領域のはしりだった。

黒川紀章が関与した「社会工学研究所」が発足するのは、一九六九年五月一〇日。この研究所は、二〇〇三年に解散するまで、調査・研究を行なう民間のシンクタンクとして多数のプロジェクトを推進し、学者を登用した。発起人に名を連ねたのは、黒川紀章、山崎正和のほか、早稲田大学の中島正信、三井不動産の江戸英雄、三菱地所の渡辺武次郎、西武グループの堤義明、山一土地建物の潮田定一だった。社会工学研究所はクライアントからの依頼に応じて調査・分析を行なうわけだが、調査・分析を進めるプロジェクト・チームには、多数の大学人も関わっている。たとえば、林雄二郎、香山健一、松原治郎、渡辺茂らである。

曲沼美恵によれば、途中から堤義明に代わって、ウシオ電機社長の牛尾治朗が社会工学研究所の経営に関わるようになったという。社長に就任した牛尾は、「社会工学研究所」を拡大させていく。アメリカの「西暦二千年委員会」に呼応するかのように、新たに「二〇〇〇年委員会」を設置したが、そこには財界人のほか、黒川紀章、梅原猛、梅棹忠夫、高坂正堯、山崎正和らが名を連ねた。この研究所が主催する勉強会には、中央省庁の官僚も顔を出していたという。社会工学研究所での仕事を通して、黒川は政界とのパイプを持つことになる。一九七五年の東京都知事選では現職の美濃部亮吉に対して、石原慎太郎と松下正寿が立候補したが、その際、石原慎太郎の政策立案は社会工学研究所が担っていた（曲沼 二〇一五）。

このような活動を通して、黒川は都市開発や建築計画のみならず、政治活動にも関与するポジションを獲得していった。政財学界とのつながりを活かした黒川の一九六〇年代の仕事の集大成といえるのが、七〇年の大阪万博の仕事である。ジャングルジムのような骨組みにカプセルを挿入したタカラ・ビューティリオン、お祭り広場の上に設置された空中テーマ館における住宅とトイレのカプセル、そして東芝・IHI館で自身のメタボリズム建築をアピールした。なお、万博会場の跡地に立った国立民族学博物館の設計も黒川の仕事である。黒川は、「私自身が直接万博から得たものは、万博をつくりあげていく過程で得た人間関係」だったと回顧している（曲沼　二〇一五）。

四　メタボリズムからホモ・モーベンスへ

以上のような人間関係と仕事を通して、建築家・黒川紀章は何を得たのだろうか。それは、未来を語る文明論的な視座であり、他領域の人間に自説を魅力的に語る語り口だった。たとえば、黒川はメタボリズムの説明を時代に合わせて再解釈し、変更した。一九七〇年になると、変化・成長・解体という「新陳代謝」をよりドラスティックに主張するようになる。黒川の説明を見てみよう。

近代産業が成立する過程は、極端な言い方をすれば、必ずスクラップ化の過程がある。ものが回収されるからつぎのサイクルが発生し、量産が可能になり、フィードバックが可能になる。ところが、建築は、消費する側と建築する側の関係が一方通行になっていて、住む人とのあいだのコミュニケーションができ上っていない。ここに根本的な産業上の問題があると考えた。……さらに次元の高い高度成長を続けるためには、つくられたものがこわせないのでは困る。これまではこわしやすさがなかったから、人間は物理的な環境に振り回されてきたのです。……メタボリズムの発想の基本は、ものごとが機能的に行き詰っている問題を、もっと機能化して考えていく、人間が主体化できていない問題を、よりこわすという発想を入れて主体化していく。（黒川　一九七〇）

黒川も加わっていた「メタボリズム・グループ」のなかには、西洋近代への反措定と生態的視点という美学的・思想的・文化的問題意識があったが、ここで黒川は産業界や社会一般に向けて巧みに語り直しているのである。語り直しのための語彙（フィードバック、こわしやすさ）は、六〇年代の黒川が関わった各種会合や人脈によって培われたものだ。この時代の黒川の思想を集大成したのが、著書『ホモ・モーベンス――都市と人間の未来』（黒川　一九六九）だった。同書は都市論・建築論にとどまらず行政論・人間論・文明論へと拡散する当時の黒川の思想を捕獲することのできる格好のテクストである。

黒川紀章が『ホモ・モーベンス』で焦点化したのは、タイトルが示すように「移動する人間」に注目した文明論である。一九六〇年代に起こった「移動」の変容・拡散が人々の価値意識を変化させているという問題意識が根幹にあった。「移動」の変容・拡散というのは、たとえば移動がたんなる手段であることをやめ、人々は「「新幹線に乗る」という体験そのものに価値を見出しはじめた」というような変化である。こうした視点は、のちに「モノの消費からコトの消費へ」などと言い換えられて人口に膾炙していくが、当時においては先駆的に人々の感覚や気分を捉えていたといえる。黒川は、この新たな人々を「みずからの存在の目的と行為の最高価値をモビリティーに求め、それによって生の存在証明を獲得しようとする人」だと捉え、「ホモ・モーベンス（動民）」と呼んだのである（黒川 一九六九：一四）。

黒川によれば、この「移動」は単に空間内の移動のみを指すのではなく、「社会的な行為の場においても、自身の内面においても、あらゆる固定的な思想と旧態依然たる体制に反抗し、つねに新しい未来へむかって「動こう」とする」ものとされ、若者たちの異議申し立て運動やそこから生じた新しい価値観に含みを持たせ、戦後的な主体からの転換を見ている（黒川 一九六九：一四）。黒川によれば、価値観の変容は工業化社会から情報化社会への転換期における必然なのであり、「ホモ・モーベンス」とは「新しい多様性社会の出現を予言するもの」とまで主張される（黒川 一九六九：一五）。こうして、「全体性により重点をおく考え方から、個人の自由が最大限に認められる社会、選択の可能性のより大きな社会への移行」が高らかに宣言される（黒川 一九六九：一五）。この黒川の言葉は、一九七〇年代以降の情報化・消費化社会の到来を、マクロな視座からではあるが、ある程度は正確に見据えていたと評価できるだろう。

同書が扱う対象は、移動のみではない。たとえば行政サービスと政治参加の関係は、次のように論じられる。行政単位とは、「住民が政治に参加するための、住民のサービスを受けている地域からのフィードバックを行える単位であって、人々はそういった意味での行政単位に籍＝自分の基地をおく、あるいは登録をするという形で、政治への参加の窓口を確保していく。現在の住民登録制度、つまり住んでいるところに選挙権があるという方式から、むしろ次第に、ある基地に登録をする、そこが政治への参加の窓口になるという形にかわっていくであろう」と（黒川一九六九：八九）。

「ホモ・モーベンス」は流動する民だから、ひとつの行政区画のみに完結しえない。しかし、政治参加と住民サービスの窓口としての自治体は残る。であれば、自治体は「むしろ小単位で成立していたほうが望ましい」というのは、確かに先見的に見える（黒川　一九六九：八九）。しかし、その後の歴史が示すのは黒川の提言とは異なる方向だった。異なる方向というのは、たとえば、市町村の統廃合による大単位化とコストカット。あるいは、選択的登録によって「政治参加の窓口」を確保するというよりも、税金の選択的登録（ふるさと納税）による住民意識の相対的希薄化を指す。

では、黒川による「ホモ・モーベンス」の展望のなかで、建築家としての仕事を通して彼が実現したものはあるだろうか。部分的に実現したものならばある。それは、住む人と作る人とのコミュニケーション、あるいはユーザーによるフィードバックを反映させることが可能なより「こわしやすい」居住空間――つまり、カプセル建築だった。

五　「カプセル宣言」という未来予測

そもそも、黒川はカプセルという言葉にどのような意味を込めていただろうか。黒川は、『ホモ・モーベンス』の最後を「カプセル宣言」なる八か条のテーゼで締めくくっていた。その八か条を、本書の関心に沿って整理し、短くコメントを付け加えながら紹介しておこう。

第一、カプセルとは、サイボーグアーキテクチュアである。サイボーグアーキテクチュアとは、人間と機械と建築が有機的に結びついた状態を指す。[3] 有機体としてのやわらかい建築というメタボリズムの問題意識が、言い換えられたものと理解できる。これは、情報技術によるユビキタス社会として二〇〇〇年代にも喧伝され、部分的に実現することになったといえないこともない。

第二、カプセルはホモ・モーベンスのための住まいである。出張などで移動し続ける現代人は、書斎のようなプライベート空間を所有するようになるだろうという展望・予言を、現在形で断言するマニフェストが黒川らしい。

第三、カプセルは多様性社会を志向する。個人の自由が最大限に認められる選択可能性を拡大するための「バラバラな個人の空間」を黒川は肯定する。これは黒川によれば、「システムとそこに発生するユニットは、まったく無関係な独自の運動律をもつべきであるという多重構造論」なのだという。この種の発想は、比較的安定した社会構造の上での人々の多様な活動を肯定的に捉えるリベラル・モダニズムと、相性が良かった。

第四、カプセルは個人を中心とする新しい家庭像の確立を目指す。今度は家族論である。居住空間とはすなわち家族空間を意味した近代日本の住宅単位はもはや過去のものになったと、黒川は述べる。夫婦・親子といった家庭関係は、個人単位の接合・分離として空間的に表現される。

それが受け入れられるかどうかは別にして、ＬＤＫ間取りへの根本的な批判だった。

第五、カプセルは故郷としてのメタポリスを持つ。これもまた当時においてはラディカルな予見だった。人が移動し続ける時代において、具体的な空間（地域）に結びついた自己完結型のコミュニティ（故郷）という考え方は終焉に向かう。それでも人は「ふるさと」の意識を捨て去ることはないが、それは物理空間とは切り離された想像上の空間、つまり「メタポリス」と呼ばれるものになる。ヴァーチャル・リアリティを先取りする発想である。

第六、カプセルは情報社会におけるフィードバック装置である。黒川は「情報過多現象と情報の一方通行から個人の生活を守る」ためのシェルターとしてもカプセルを位置づける。黒川は、大量の情報を金で買える時代は終わり、情報はタダで手に入る時代が来ると述べる。そうなれば、人は生き甲斐のために自分のためだけのユニークな情報を求めるだろう。情報を遮断して自分のための情報を手に入れることで、創造的な活動も可能になるだろう。

第七、カプセルはプレファブ建築、すなわち工業化建築の究極的な存在である。ここで黒川は約一〇年前の自分の仕事を参照し、自身が一貫した仕事を続けてきたことをアピールしつつ、量産による質的転換という、社会工学的な発想を打ち出している。「カプセルの量産は、規格大量生産方式ではなく、パーツの組み合わせにより、選択的大量生産方式となるだろう。量産は規格化を強要するものではなく、量産による多様性の時代が到来する」と述べるのである。

第八、カプセルは全体性を拒否し体系的思想を拒否する。これは早すぎたポストモダンともいえる主張だが、カプセルの思想史的意義を突き詰めると、確かにそうなるだろうと頷かされるところもある。「体系的思想の時代は終わった。思想は崩壊し、ことばに分解され、カプセル化される。一つのことば、一つの名前が広がり、変身し、浸透し、刺激し、大きく時代を動かす。建築は部品に分解され、機能単位としてカプセル化される。建築とは、複数のカプセルの時空間的なドッキングの状態として定義されるだろう」と黒川は述べる。

以上が黒川の「カプセル宣言」の概要である。曲沼美恵は「黒川のカプセル宣言は建築論ではなかった。メディア論として読まれて初めて、その先見性に気づく理論だった」と指摘する（曲沼二〇一五）。また、磯崎新は、一九七一年に行なわれた座談会のなかで、壊しやすく取り換え可能な建築としてのメタボリズムを語る黒川に対して、「ほんとに建築を考えていっているのか……」と発言し、それは建築の方法論とは別物ではないかと示唆していた（大島ほか 一九七一：一一九）。住人のニーズに応じて着脱されるカプセルという発想は、究極的には建築家が作るのは各パーツに過ぎず、それを組み合わせるのは住民だということになる。それは、はたして「建築」と呼べるのかというのが磯崎の疑問だった。磯崎の疑問はある意味では的中するのだが、それを確認するために、黒川の「カプセル宣言」がどのように社会に〝実装〟されたのかを辿ってみよう。

黒川の設計によるカプセル建築としては、中銀カプセルタワービル（一九七二年竣工）やソニータワー大阪（一九七六年竣工）が広く知られるところだ。黒川の設計以外では、米田豊昭が代表だった都市科学研究所が設計し、滋賀県竜王町に建てられた県立のレクリエーション施設・希望ヶ丘青年の城がある。

ただし、これらのカプセル住宅・建築には致命的な問題があった。ライフスタイルに合わせてカプセル単位での取り外し・ドッキング・移動が可能だとされたが、当然ながら同じジョイント部を持つカプセルしか取り付けられないし、シャフト部がなければ空中で横方向にカプセルを連結させることもできない（ジャングルジムのような骨組みがあるならば、自由な取り外しは可能だろうが、それをカプセルと呼べるのかどうかは疑問である）。カプセル住宅や建築は、同一規格が用いられた骨組みと個室としてのカプセルが大量生産されることを前提とした計画だった。そうでないならば、採算は合わず、住民の「自由」も担保されない。住民のニーズに合わせて空間を広げたり狭めたりするというだけならば、ふすまや障子のある日本家屋がすでに実現しているが、黒川がこだわったのはカプセルが持つ「完全に独立した個室性」だった。

さらに付け加えるならば、一つひとつのカプセルの見た目はどれも同じ箱型で代わり映えがしない。個人の選択可能性を広げ、住民のフィードバックに応えるとされたカプセル住宅・建築は、珍しい建物として話題にはなったが、それが乱立する都市の景観を想定すると、実に異様で魅力に乏しいものにならざるをえない（ただし、そこに美を見出すことが不可能だというわけではないが）。結論からいえば、カプセル住宅はかつて黒川が注目したプレファブ住宅の延長上の発想だったが、プレファブとは異なり普及には失敗した。倉庫やちょっとした「離れ」を手軽に立てるならば、プレファブで十分だったのである。カプセル住宅が普及しなかったという事実に、未来学や社会工学を重ねてしまうのは筆者だけだろうか。

しかし、黒川のカプセルが「成功」した事例があることを、私たちはよく知っている。それは、カプセル・ホテルである。

一九七九年二月一日、ニュージャパン観光の子会社「カプセルライフ」が経営する「カプセル・イン大阪」が、大阪梅田の阪急東通り商店街にオープンした。カプセル・ホテルの第一号であり、設計者は黒川紀章である。黒川のカプセル住宅の存在を知ったニュージャパン観光側が、黒川に依頼したのだった。

【図 3-2】黒川紀章が設計した「カプセル住宅」

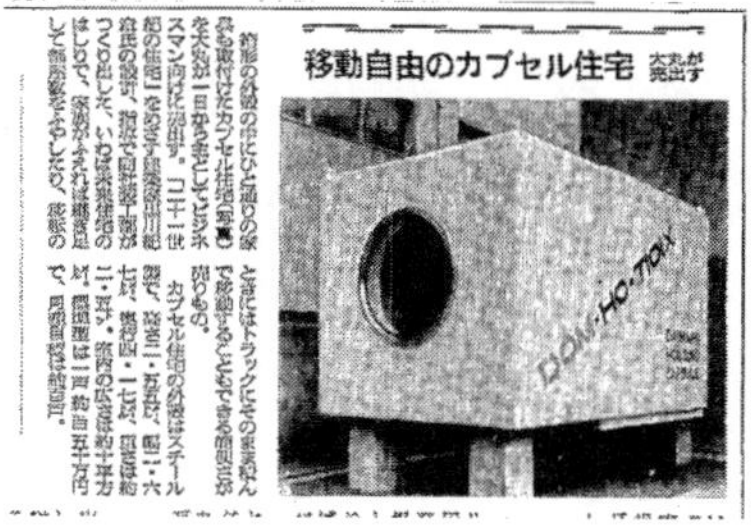
移動自由のカプセル住宅　大丸が発売す

（出典）『朝日新聞』1971 年 6 月 1 日、8 頁。

カプセルライフ代表取締役専務の見達和男は、一九八二年に『月刊ホテル旅館』という業界誌で、カプセル・ホテル開発にいたった背景を以下の四点に整理している（月刊ホテル旅館 一九八二：一二二～一二三）。第一に、都市の二十四時間稼働現象と深夜族の出現。第二に、都市のドーナツ化現象と職住離反。第三に、出張・観光旅行の増加。第四に、高度成長から低成長への移行（実質所得の減少と生活費負担の増加）である。

見達はカプセルホテルの開業を決めたときのことを、以下のように回想している。

二度のオイルショックがなければ私はカプセルイン開業の決定はしなかっただろう。ゼロ成長社会に入って、宿泊場所はスリーピング空間として清潔で安全であればいいという徹底した合理主義が芽生えていたからだ。これに照準を定めて商品開発するとともにいま出るべきときだ、と決断した。（月刊ホテル旅館 一九八二：一三二）

低成長時代の「徹底した合理主義」がカプセルに目を付けた、と理解できる。皮肉なことに、カプセルは黒川が求めた建築としてではなく、宿泊施設の内部構造として実現した。そして、一九八〇年代の黒川はカプセルへのこだわりから離れて、日本文化の伝統的配色や共生文化の方向へと踏み出していくのだった。

（3）この発想の源には、磯崎新の存在があるように思われる。磯崎は「機械」と群衆とを結びつける技術としての「柱」（ジョイント・コア）を打ち出していた。当時の磯崎の方法論は、「新宿淀橋浄水場開発計画設計」（一九六〇年）に集約されている。ジョイント・コアと呼ばれた直径一二メートルの垂直のシャフトが四〇メートルの間隔で打ち込まれ、各ジョイント・コアを梁で繋いで空間を作り、用途に応じてオフィスやホテルをビルト・インするという計画だった。「ジョイント・システム」と呼ばれたこの方法の利点は、変転する人間の活動に合わせて比較的自由に空間をその都度組み替えられるという点にあった。なお、「機械」と群衆を結びつけるという着想を語るときに磯崎が挙げたのは、自動車や飛行機の操縦者だった。操縦者にとっての環境・空間は、「計器によって測定された、すなわち記号に翻訳された対象物と主体との相対的関係性」として立ち現れる。一九六〇年代の磯崎がデッサンに好んで描き込んだ高速道路と自動車には、このようなサイバネティクスに通ずる含意があった（磯崎　一九六七：五三〜五四）。

六　カプセルのゆくえ

建築家として自立する時期にあった私たちは、あらためて態度選択を迫られた。私は建築を建築として思考する道を選んだ。建築を批判的にデザインする。一方、黒川紀章はメディアの中で行動する道を選んだ。社会、政治・経済など、建築を外側から決める枠と組みあうことになる。その面倒な役割を身軽にこなした。私たちは同世代のライバルだといわれたりしたが、そうは思っていない。広義の建築家の社会的使命を、棲み分け、分担していたのだ。

（産経新聞　二〇〇七）

黒川紀章を追悼する磯崎新の言葉である。磯崎が言うように、黒川は「建築を外側から決める枠」と向き合い続けた建築家だった。一九六〇年代から七〇年代にかけて、黒川は未来学や社会工学のなかに自身の思想との共鳴を聴き取ったが、磯崎の言い方を借りるならば、そもそも未来学と社会工学は「社会を外側から決める枠」を強く意識する知的潮流だったといえるだろう。

一九六〇年代、まだ若かった黒川の前には、移動・個人・自由・選択・情報・多様性などの近代的価値に関わる問題が次々と持ちこまれた。黒川は、それらの問題を統合的に語ることのできる器として、メタボリズムやカプセルを思想化しようと試みた。しかし、メタボリズムのイメージに内在していた「やわらかい建築」とでもいうべきビジョンは、皮肉にもかたいカプセルの集合体として現実化した。そして、それはカプセルホテルをのぞいては普及しなかったのである。

現代から振り返るならば、メタボリズムにしてもカプセルにしても、近代の合理主義と個人主義をより徹底化することで近代日本の諸問題を解決できると主張するものだったと評価できるだろう。その意味で、黒川をリベラルな近代主義者《モダニスト》と呼ぶことにためらいはない。戦後日本の豊かさのなかから生じた選択可能性の拡大や個人主義の変容を見つめ、それらを基本的には肯定しつつ、さらに優れたものに育てるために各種の「設計」に知恵を絞り、言葉を紡いだ知識人たち――その一群のなかに黒川を位置づけることができるのである。

参照文献

※本章で言及した黒川紀章の著作

黒川紀章（一九六〇）『プレファブ住宅――組立式コンクリート住』住宅研究所。

――（一九六九）『ホモ・モーベンス――都市と人間の未来』中公新書。

――（一九七〇）「万国博の文明史的意味」『エコノミスト』一九七〇年一月六日号。

――（一九七七）「解体工学の思想」『メタボリズムの発想』白馬出版。

※黒川紀章以外の著作
朝日新聞（一九七〇）「人気もの（70年代の百人）　黒川紀章」『朝日新聞』一九七〇年七月七日二三頁。

石原舜介（一九七九）「社会工学とは」『日本機械学会誌』八二巻七三三号。

磯崎　新（一九六二ａ）「孵化過程」『美術手帖』一九六二年四月号増刊。

――（一九六二ｂ）「都市破壊業ＫＫ」『新建築』一九六二年九月号。

――（一九六七）「見えない都市に挑む」『展望』一九六七年一一月号。

――・伊藤ていじ・川上秀光（一九五八）「小住宅設計ばんざい」『建築文化』一九五八年四月号。

大島渚・磯崎新・黒川紀章・原広司（司会・栗田勇）（一九七一）「予言としての創造」『現代日本建築家全集21』三一書房。

栗田宣義・向正則（二〇二三）「未来社会工学試論（1）――社会工学から未来学を経て向かうべき社会学の進路」『甲南大學紀要　文学編』一七三号。

小松左京（一九六九）『日本タイムトラベル――変貌する地域社会』読売新聞社。

田中　純（二〇二四）『磯崎新論』講談社。

産経新聞（二〇〇七）「黒川紀章さん追悼　建築家・磯崎新　日本初のメディア型建築家」『産経新聞』二〇〇七年一〇月一六日。

林雄二郎（一九六五）『二〇年後の豊かな日本への一つのビジョン』経済企画庁。

――（一九六八）『未来学の日本的考察』ぺりかん社。

――（一九七〇）『高度選択社会――マルチ・チャンネル・ソサエティへの挑戦』講談社。

――・梅棹忠雄・加藤秀俊・川添登・小松左京（監修）（一九六七）『未来学の提唱』日本生産性本部。

福永文夫（二〇〇八）『大平正芳――「戦後保守」とは何か』中央公論新社。

月刊ホテル旅館（一九八二）「カプセルホテルは真の業態革命たり得るか？」『月刊ホテル旅館』一九八二年八月号。

曲沼美恵（二〇一五）『メディア・モンスター――誰が「黒川紀章」を殺したのか？』草思社。

読売新聞（一九六八）「未来社会の問題　日米の学者が合同討論」『読売新聞』夕刊一九六八年九月一八日九頁。

――（一九七〇）「国際未来学会議から　技術に毒された現代　人間中心の学問体系を」『読売新聞』夕刊一九七〇年四月一五日七頁。

渡辺哲男（二〇二三）「黒川紀章と椎尾弁匡における「共生」思想の影響関係――戦前戦後における「個人」・「国家」・「天皇」をめぐって」『立教大学教育学科研究年報』六六巻。

第四章　リベラル・モダニズムの二つの頂点
——村上泰亮と山崎正和

宇野　重規

一　リベラル・モダニズムの全盛期としての八〇年代

二　「知識人」像の転換

三　村上泰亮

四　山崎正和

五　リベラル・モダニズムの絶頂と衰退

一　リベラル・モダニズムの全盛期としての八〇年代

ある意味で、一九八〇年代こそは、本書で検討するリベラル・モダニズムの全盛期であったといえるかもしれない。それ以前を代表する知識人が丸山眞男ら――「近代主義者」、あるいは「戦後民主主義者」の名の下に呼ばれ、近年では「戦後啓蒙」といった表現も散見されるが、そのような呼び方の妥当性はここでは問わない――であったとすれば、それに代わる一群の知識人が登場し、活躍したのがこの時期である。

あえて象徴的に表現すれば、前者が雑誌『世界』や岩波新書に代表されるという意味で「岩波知識人」であるとすれば、後者は雑誌『中央公論』や中央公論社の刊行物で活躍した「中公知識人」ということになる。本書の枠組みでいえば、岩波知識人がデモクラティック・モダニストに、中公知識人がリベラル・モダニストに相当する。

この時期の中公知識人としてまず名前があがるとすれば、村上泰亮と山崎正和ではなかろうか。一九三一年に生まれた村上は理論経済学者として活躍するが、その名が広く一般の読書人に知られたのは、一九八四年の『新中間大衆の時代――戦後日本の解剖学』（村上　一九八七）によってであろう。かつて産業社会の中核を担った中流階級に代わり、「上でも下でもない」と自らを消極的に位置づける膨大な数の人々を指す「新中間大衆」の概念や、その保守化をめぐる分析は、戦後社会の大きな転換に注目するものであった。

すでに刊行されていた一九七五年の『産業社会の病理』(村上 二〇一〇)や、佐藤誠三郎、公文俊平との共著である一九七九年の『文明としてのイエ社会』(村上ほか 一九七九)と合わせ、村上は論壇の新たな中心人物として躍り出た。これらの著作がいずれも中央公論社から刊行されたことが象徴的であるように、岩波書店を中核に活躍したそれ以前の「進歩的知識人」、あるいは『朝日ジャーナル』に象徴されるより若い世代のラディカリズムとは一線を画す言説として受け止められた。

一九三四年生まれの山崎正和は、一九六〇年代から劇作家として活躍し、七〇年代に入ると『劇的なる日本人』(村上 一九七一)や『鴎外 闘う家長』(村上 一九七二)、あるいは『不機嫌の時代』(村上 一九七六)などの評論でも話題を集めた。しかしながら、山崎の名が若い世代を含め、より多くの読者にとって親しいものとなったのは、『柔らかい個人主義の誕生』(山崎 一九八四)が入試などにおいて広く出題されて以降であろう。その意味では、山崎もまた一九八〇年代を代表する知識人であった。

『柔らかい個人主義の誕生』も中央公論社からの刊行であり、以後山崎は、『社交する人間――ホモ・ソシアビリス』(山崎 二〇〇六)や『世界文明史の試み――神話と舞踏』(山崎 二〇一一)など、重要な文明論的著作を同社から出している。山崎もまた「中公知識人」であった。

ちなみに村上は一九九三年に六二歳で亡くなっている。『反古典の政治経済学』(村上 一九九二)など晩年の重要な著作があるとはいえ、彼が論壇的知識人として活躍したのが一九八〇年代にあったことに異論はないだろう。

一方、山崎は九〇年代以降も重要な著作を次々と刊行し、すでに指摘したように二〇〇〇年代に入っても話題作を書き続けた。その意味で、山崎が論壇知識人として活躍した時代を一九八〇年代に限定するのは妥当ではない。とはいえ、九〇年代以降、特に二〇〇〇年代に入ってからの著作は、論壇的というより、そこから一歩引いて、自らの思索を深めていった印象が強い。内容も同時代評論というより、より巨視的な文明論・人間学が目立つようになる。そうだとすれば、山崎もまた同時代の政治や社会と伴走する知識人として活躍したのは、一九八〇年代が中心であったといえるのではないか。

したがって、本章では、村上と山崎を一九八〇年代に全盛期を迎えたリベラル・モダニズムの代表的知識人と見なした上で、なぜリベラル・モダニズムがこの時期に台頭し、九〇年代以降に変質していったかを検討したい。このことは、一方でリベラル・モダニズムとは何であったのかを探る上で、他方で一九八〇年代とはいかなる時代であったかを考える上で、重要な意味を持つだろう。

二　「知識人」像の転換

村上と山崎を具体的に分析する前に、一九八〇年代における日本の「知識人」像の転換について検討しておきたい。その際に、近代日本とフランスの知識人像の比較を行った松本礼二の議論が参考になる（松本　二〇一九）。松本はフランスでドレフュス事件の起きた一八九四年からの一世紀を「知識人の栄光と挫折の時代」と呼ぶ。この時代は一九八九年の東欧革命によって終焉するが、その意味での二〇世紀はまさに「知識人の時代」であった。

松本によれば、二〇世紀の知識人というのは、何らかの意味で歴史には方向性があると考え、その普遍的な歴史の方向性を前提に自らの議論を立てていた。「歴史の方向性」とは、端的にいえば進歩の理念であり、およそ人類社会は早かれ遅かれ、同じような発展をたどり、その行き着く先もまた同じであるという時間感覚である。社会主義革命への信頼もまた、そのような歴史の方向性の感覚によって支えられていた。逆にいえば、このような歴史の方向性に対する一定の信念が社会的に共有されていたことが、進歩を先導する存在としての知識人の知的威信の源泉にもなった。このような歴史の大きな方向性の感覚は一九八九年以降に決定的に失われ、結果として、知識人の時代もまた終わりを迎えることになった。

はたしてこのような松本の分析がすべて正しいかはここでは問わない。また、このような普遍的な歴史の方向性がどこまで広く共有されていたかについても論じる余裕はない。ただ、この一世紀の間に「知識人」が一定の社会集団として成立したものの、二〇世紀の終わりに向けてある種の困難に行き着いたという視座を共有しておきたい。

松本はさらに日本とフランス、そしてアメリカにおける「知識人」との比較を行なう。その際、

「反知性主義」の政治文化のなかで知識層が孤立しつつも（ホーフスタッター　二〇〇三）、二〇世紀、特に革新主義の時代以降、専門知識人が大幅に政策形成に関与するようになったアメリカとの比較も興味深い。とはいえ、本章にとってより示唆的なのはフランスとの比較であろう。というのも、フランスと日本の「知識人」との間には一定の共通性が見られたからである。

フランスと日本はいずれも、議会制や政党政治が確立していく過程で、国家による中等高等教育の拡充が見られた。いわば伝統的な教育制度とは断絶した新たな公教育によって「知識人」階層が成立したのであり、その点において、第三共和政のフランスと明治日本との間には独特な類似性が見られる。フランスの場合、近代の世俗主義的な教育は、それ以前のカトリック教会中心の教育と厳しく対立したし、日本の場合も、儒学や国学などの伝統的学問と切り離された形で、西洋からの制度や技術、思想を導入するために、大学制度や高等教育制度が活用された。

フランスにおいて重要だったのは、一八九四年に起きたドレフュス事件である。フランス陸軍による反ユダヤ主義の冤罪事件は、逆説的に「知識人」の時代をもたらした。すなわち、事件を隠蔽する陸軍を中心とする国家体制に対し、学校教育を経て成立した知的エリートたちが立ち上がり、これに明確に対抗したのである。民主主義を実現するのは職業政治家たちではなく、むしろ自分たち「知識人」である。フランスにおいて以後、「異議申し立て」を行なう対抗的知識人というモデルが有力になっていく。それとともに強調されたのは、知識人や芸術家による現実政治や社会運動への「アンガージュマン（参加、関与）」という理念であった。

ただし、フランスにおいてこのような「知識人」のモデルがかなり長期間にわたって支配的であったのに対し、日本の場合にこのような「知識人」が影響を持った時期は限定される。明治国家以来、個別的にはその時々の政治権力に対して批判的であったとしても、集団として知識人が「異議申し立て」を行なうという事態は、極めて例外的であった。

日本において、知識人の「異議申し立て」が強く意識されたとすれば、基本的には一九三〇年代以降であろう。戦時中の弾圧を経て、知識人たちは戦後に再び一定の力を持つようになったものの、「知識人の時代」が続いたのは一九六〇年代までであった。ある意味で、本書でいうリベラル・モダニズムの知識人は、このような「異議申し立て」型の知識人の後退を受けて登場したといえる。

ちなみに松本によれば、日本において、近代的な「知識人」が社会集団として形成されたのは、一八七〇年代以降に生まれた世代においてであった。それ以前の世代、たとえば夏目漱石に代表される世代は、学校教育を受ける前に、漢学を中心とする伝統的な知的訓練を受けていた。そのような素地の上に、大学に入って西洋の学問を学んでいる。その意味では、一八七〇年代生まれ以降の世代というのは、最初から明治国家によって整備された高等教育を通じて、制度的に知識を獲得した最初の世代ということになる。

このような日本の知識人からやがて「異議申し立て」型が生まれたという見立てが正しいとすれば、そのピークとなったのが、一九一四年生まれの丸山眞男や、一九一九年生まれの加藤周一らの世代であったというのが興味深い(1)。一九二二年生まれの鶴見俊輔を加えるとしても、この世代が日本の知的世界において広く大きな影響力を持ったのは、一九六〇年代までであったといえるだろう。

敗戦によって政治・経済・社会の諸制度のみならず、より根底的な価値観の転換が見られた日本社会において、具体的な制度論や政策論よりはむしろ、より抽象的な「個人」や「近代」、「主体性」の理念やビジョンを語ったデモクラティック・モダニズムの知識人たちが力を持ったことは不思議ではない。

これに対し、すでに指摘したように、リベラル・モダニストの世代に属する村上が生まれたのが一九三一年、山崎が生まれたのは一九三四年であった。彼らは幼少期に帝国日本の崩壊を経験したものの、高等教育を受けたのは戦後の新制度においてである。高度経済成長を実現し、本格的に「産業社会」が到来した日本において、新たな知識人のモデルが要請された際に、彼らの世代がその中心的役割を担ったことはある意味で必然であった。

井尻千男はこの時期に現れた新たな知識人像を指すものとして、「産業知識人」という言葉を用いている(井尻 一九八二)。発言する産業人(松下幸之助、盛田昭夫ら)、民間エコノミスト(竹内宏、日下公人ら)、あるいはビジョン型の官僚(天谷直弘、下河辺淳ら)などがそれであり、彼らに共通していたのは、高度経済成長によって実現した日本の産業社会に寄り添い、これを正当に評価し、そのさらなる成熟を求める姿勢にあった。彼ら新たな産業知識人は、明らかにそれ以前の「異議申し立て」型の対抗知識人とは異質であった。井尻によれば、城山三郎の経済小説を含め、その多くが一九七七年ごろから活躍が目立ち始めたという。それはまさに一九七三年のオイルショックを乗り越えることによって、日本社会が自らへの自信を取り戻しつつある時期と重なっていた。

彼ら「産業知識人」の台頭をもたらしたのは、その読者となる新たな知的中間層の出現である。その中核となったのは、高度経済成長期に国際競争力を持つに至った鉄鋼、家庭電気製品、自動車、あるいは総合商社などに身を置いたサラリーマンたちであった。彼らにとっての日本とはまさに「経済大国ニッポン」であり、彼らが求めたのは自分たちが実現した産業社会の現実の肯定であった。そのような新たな知的中間層にとって、それまで支配的であった知識人たちは「左翼イデオロギー」と「西欧コンプレックス」に支配された人々に映った。求められたのはむしろ、産業社会と伴走し、これを意味づけてくれる知識人であった。そのような読者のニーズに応えるものとして、新たな「産業知識人」が要請されたというわけである。

大きな転換点となったのは、エズラ・ヴォーゲルの『ジャパン・アズ・ナンバーワン』(ヴォーゲル 一九七九)であろう。この本が日本において圧倒的に受容されたのは、それが日本の高度経済成長を正当に評価するとともに、日本の近代を歴史的に意味づけるものとして受け取られたからである。さらに「アメリカへの教訓」という副題にあるように、自信を回復しつつあった日本の新中間層に、それまでタブー視されてきた「ナショナリズム」をほどよく解放してくれるものでもあった。

本章で検討する村上や山崎もまた、このような「知識人」像の転換の一翼を担う形で登場したことは間違いない。ただし、二人の知的営為を、このような「産業知識人」の枠組みでのみ捉えることにも限界がある。

確かに村上や山崎が目指したのは、経済成長によって、西洋諸国をモデルとした「追いつき」型近代の一定の達成を見た日本における新たな国家像や社会像の提示であった。また、それに基づく具体的な制度論や政策論の提案であった。その意味で、二人は「リベラル・モダニズム」を体現する知識人であった。

しかしながら、これから具体的に見ていくように、村上や山崎は日本の高度経済成長や、それが実現した産業社会を決して手放しで評価したわけでない。むしろ、その思考の本質は、産業社会がもたらす精神的空洞化への問題意識であり、社会解体への危機意識であった。にもかかわらず、彼らの問題意識や危機意識は、同時代において正しく理解されることはなかった。

その意味で、村上や山崎の抱えた困難は、新たな産業社会を肯定しつつ、同時に批判しなければならないことにあった。それは難しい両面作戦であり、二重のミッションは彼らの思考に独特な緊張感をもたらした。その緊張感こそが、彼らの知的偉大さをもたらしたともいえるが、以下、このような彼らの思考の両義性をそれぞれに検討していきたい。

（1）この世代は日本が世界の国々から孤立した時代に、青春時代を過ごしている。ハーヴァード大学に留学した鶴見はともかく、海外の知識人との直接的な交流が途絶した時代に知的形成をした人々が、戦後のデモクラティック・モダニズムを支えたことになる。

三　村上泰亮

ここでは村上の二つの代表的著作である『産業社会の病理』と『新中間大衆の時代』を検討したい。(2) 現在ではあるいは、村上といえば『文明としてのイエ社会』のイメージが強いかもしれない。その場合、前近代における日本の「イエ」社会に見られる「同族型集団主義」の原理を、歴史的な媒介を十分に経ることなく、終身雇用・年功賃金・企業内福祉に見られる戦後日本の会社組織の分析にそのまま適用したものとして、悪しき意味での文化決定論的な議論として受け取られることも多い。また、本書第五章〔徳久〕でも論じるように、家族主義的なケア思想の源流として村上を位置づけることも可能である。さらに、高度経済成長を経験し、石油ショックを乗り越え、さらにバブルの時代へ向かいつつあった日本の企業組織を無批判に肯定したものとして批判されることも珍しくない。

しかしながら、『産業社会の病理』というタイトルにも示されているように、日本を含む産業社会の現状に対する村上のまなざしは、はるかに批判的なものであった。むしろこのままでは、産業社会は自らの病理によって内部崩壊してしまうのではないか。そのような強い危機意識に貫かれているのが同書の内容である。それではなぜ村上は深刻な危機意識を持つに至ったのだろうか。

村上によれば、「産業社会」はいまや大きな転換期にある。そこには二つの要因が働いている。一つは「内なる限界」、もう一つは「外なる限界」である。

産業社会の内部で、人間は古典的な生存の必要から自由になり、むしろホイジンガの言う「ホモ・ルーデンス」としての「遊び」や、アレントの言う労働や仕事と区別される「活動（アクション）」の意義が大きくなっている。衣食住の基本的充足に追われることのなくなった人間にとって、自らの存在意義や自由の追求がより重要となるためである。伝統的な貴族社会において英雄的な存在に対する憧れや卓越性への追求が存在したとすれば、はたして現代社会を構成する大衆の一人ひとりにそのような追求は可能だろうか。村上はこれを「内なる限界」と呼ぶ。

他方、産業社会の経済活動は地球的限界につきあたりつつあった。ローマ・クラブの『成長の限界』（一九七二年）が強調したように、いまや人類は地球資源の逼迫に直面している。環境問題やエネルギー問題が顕在化するなか、それでも世界の国々は先進国のみならず、社会主義国や非先進国においても成長主義への志向が根強い。村上はこれを「外なる限界」と呼んだ。

ここで村上がより重視するのは「内なる限界」である。村上は産業社会を支配した価値観として、能動主義、手段的合理主義、個人主義を挙げる。能動主義とは、人間が自らの外的環境を積極的に支配し、これを思うままに変更しようとする態度を指す。広い意味での「生産」であり、業績本位の価値観と結びつく。このような能動主義が産業社会を発展させてきたことは間違いない。

村上によれば、手段的合理主義とは、マックス・ウェーバーの言う目的合理性であり、一定の目的のために最善の結果を生み出す手段を選ぶことを意味する。大切なのは目的の達成であり、そこから目的のためには手段を選ばないという行動にもつながる。対極にあるのが行動それ自体の価値を追求し、それが生み出すはずの結果を顧慮しない「コンサマトリー（自己充足）」の価値である。それは一方で刹那的・快楽的な行動を意味するが、他方で宗教や倫理ともつながる。ある意味で人間は、純粋に手段的な価値と、純粋にコンサマトリーな価値の間で行動していくことになる。

個人主義は、集合体と個人の次元において、究極的には個人が優位するという価値観を意味する。その反対は集団主義である。もちろん両者の厳密な区別は難しく、個人が社会を構成して生きる以上、原則的に社会のなかで純粋な個人主義はありえない。とはいえ、戦時中の国家のように、社会が具体的な最高目標を持ち、各個人の行為がそのような目標によって具体的に拘束されている場合は集団主義と判定できると村上はいう。

これらはいずれも産業化を推進する重要な要因であったが、産業社会の実現とともに次第に変質していく。能動主義や手段的合理主義は本来、何らかの目的を前提とするものであったが、近代西欧の手段的能動主義は際限のない、無限の前進への情熱をもたらした。結果として、産業化の進展は、やがて目的喪失の不安をもたらすことになる。特に社会の分業化が進むにつれて、勤労はやがて個人の生に意味を与える機能を失っていった。それはまさにウェーバーの言う神なき合理主義の進展であった。

基本的な衣食住の充足が実現した現代社会において、それまで生活に追われた大衆の一人ひとりの要求は、個人主義の価値観の下、全面的に肯定されることになる。やがて個人主義は、伝統的な倫理的配慮から解放され（先鋭化）、それぞれの素質や生活環境に合わせて様々な方向を向く（多様化）。さらに余暇を得て、消費社会の論理に馴染んだ大衆は、ただ働くだけでなく、労働のなかに喜びや生きがいを見出そうとする（コンサマトリー化）。

結果として、能動主義や手段的合理主義は、個人主義と衝突し、摩擦を生むようになる。産業社会をもたらした多様な価値観の衝突や摩擦は、最終的には産業化そのものを停止させる可能性を持っているのである。特に豊かさが生み出す新しい個人主義は、「コンサマトリー（自己充足化」することによって、豊かさを生み出した産業化の根底を掘り崩していくと村上は考えた。

そうだとすれば、必要なのは個人主義と手段的合理主義とに十分適合的な統合の原則を発見することであった。しかしながら、この点について村上は悲観的であった。二つの魂を共存させる強さを産業社会の人間に期待することは、極めて難しいことだったからである。それは「大衆がかつての貴族以上のものになること」（村上　二〇一〇：二〇〇）を意味した。

このように村上は、産業化の実現とともに、それを支えたエートスが空洞化するという逆説に注目した。悲観的色合いを強く持った『産業社会の病理』を一九七五年に書いた村上は、一九八四年の『新中間大衆の時代』において、いかなる同時代分析を展開したのだろうか。『新中間大衆の時代』の副題が「戦後日本の解剖学」であるように、同書の分析対象は戦後日本に限定される。村上らしい比較の視座が縦横無尽に展開されるものの、あくまで産業社会一般を論じた『産業社会の病理』とは性格を異にする。同時に、両著の間に刊行された『文明としてのイエ社会』が日本を分析するにあたって主として文化論的なアプローチをとるのに対し、『新中間大衆の時代』は特定の学問分野には限定されない学際性を持つものの、あくまで社会科学的なスタイルをとる。

『新中間大衆の時代』と『産業社会の病理』の違いは、分析対象だけではない。一読すればわかるように、両著の基調が明らかに違っている。一九七五年の『産業社会の病理』が持っていた危機意識ははるかに後退し、むしろ戦後日本社会をより積極的・肯定的に評価しようとする志向が目立つ。もちろん日本の現状に対し、村上がまったく無批判なわけではないが、あくまで戦後日本の達成とその変質を分析した上で、今後の課題を展望するという論じ方である。社会秩序の内部崩壊や人間精神の空洞化への危機意識はかなりの程度、相対化、あるいは希薄化されているといえるだろう。

村上によれば、日本は第二次大戦後の世界的繁栄を象徴する成功者であり、そうであるがゆえに、自らを位置づけ直す必要がある。このような問題意識は、すでに触れた「産業知識人」と共通するものである。しかし村上は同時に、そのような繁栄が失われるなか、アメリカ主導の世界秩序の受益者であり、かつそれに適応するための「精妙なメカニズム」であった日本社会もまた変容を余儀なくされていると論じる。

その際に村上は、たとえば「日本的経営」を分析する際に、文化的アプローチを否定しない。彼によれば、「近代化とは、産業化の要請と固有の文化伝統との、葛藤と適応の過程である」（村上 一九八七：三七）からである。とはいえ、本書における分析の主眼は、戦後日本の企業の特性をより社会科学的に分析することにあった。

中核的な概念となるのが「仕切られた競争（compartmentalized competition）」である。これは戦後日本経済についての二つのモデル、すなわち通産省などによる行政指導を重視する「日本株式会社」のモデルと、国内・輸出両面における激しい企業間競争を重視する「過当競争」モデルを統合するためのものであった。村上によれば、日本経済は産業ごとに分離されたサブシステムに区切られており、その仕切りのなかで激しい競争が起きている。この場合、政府の役割は、競争を直接規制するものではなく、主としてそのような仕切りを作り、維持することにあった。

「追いつき型近代化」を社会目標とした日本の場合、政府（通産省）による規制や行政指導はある程度、肯定できるものであった。政府による介入は産業ごとに異なった内容を持ち、強制的ではなく、あくまで指示的であった（法律による場合も限定的であった）。その意味で、戦後日本に見られた「仕切られた競争」は、競争的なダイナミズムと参加者間の公平感覚を作り出す能力を持っていたといえる。このような性格を持った戦後日本の産業化は、大規模化や精緻化、システム化などの技術革新を代表する産業を発展させ、それを中心とする高度大衆消費社会を準備した。戦後日本の経済のあり方に対応していたのが、保守政党優位が続いた戦後政治の展開である。一九五五年にいわゆる「五五年体制」が成立して以降、いったんは「一・五大政党制」が成立したかに見えたが、産業社会そのものに異議を唱える新左翼と、産業社会の一形態である資本主義のみに反対する旧左翼との間には、大きな溝があった。野党は分裂し、保守優位の時代が続くことになった。

そもそも二大政党制の基礎にあるのは合理主義的な「進歩主義」と、より経験主義的な「保守主義」の対立である。ところが、日本を含む後発的な諸国では、伝統主義と革命的急進主義が力を持ち、二大政党制には大きな制約が存在した。日本においても、産業化の推進と伝統維持の二重機能を「伝統指向型包括政党」である自民党が担い、官僚主導の経済運営がそれを支えることになった。対するに進歩主義勢力は、古典的自由主義から社会民主主義、原理的反対党が分立し、遠心化と分極化が進んだ。

もう一つの村上のテーマが「新中間大衆」である。村上は二〇世紀の資本主義が資本家階級、中流階級、労働者階級の三つから構成されるとした上で、中流階級(middle class)が産業社会にとって不可欠な存在であるとする。その場合の中流階級とは、豊かとはいえないものの一定の生活様式を維持するだけの所得と資産を持ち、選挙権を有して行政や企業、地域社会などで何らかの管理者的役割をはたす。さらに高等教育を受け、独特の「中流的」生活様式と美徳を体現する。中流階級は資本主義の実質的な文化的リーダーでもあった。日本では、戦前のいわゆる「山の手階級」がそれにあたると村上はいう。

しかしながら、そのような中流階級はいまやその輪郭を失いつつある。村上はこれを「階層の非構造化」と呼ぶ。かつて中流と下流を明確に区別した生活様式の区別が失われ、所得の上下においてもしばしば逆転があり、さらに中流階級を特徴づけていたしつけや倫理感も守られなくなっている。ある意味で日本の戦後社会はその典型であり、世論調査で「九割が中と自らを位置づける」という結果も現れている。その場合の特徴は、自らを積極的に中流とするのではなく、むしろ「上でも下でもない」という消極的な位置づけをすることにあった。

このような人々は一元的な階層尺度上の中位者という意味での中流階級ではなく、構成からすれば大衆そのものであるにもかかわらず、かつての大衆社会論が主張したような、エリートに対立する下位者・追随者としての「大衆」でもない。村上は膨大な数に及ぶこのような人々を指して「新中間大衆」と名づけた。

「新中間大衆」は階級イデオロギー的な政治の衰退をもたらす。保守と進歩の対立という基本図式はもはやこれらの人々の情熱をかき立てるものではなくなっている。「支持政党なし」層の増加こそ、このような新中間大衆化の結果であった。

彼らは「保身性」と「批判性」という二つの相反する特性を持つが、新中間大衆の政治においては、このうちの「保身性」が表面化する。新中間大衆は何らの既得権益も持たなかったかつての無産者とは異なる。彼らにとって現状の体制は権益の基本的な枠組みであり、その枠組みを維持する統治能力を期待して、与党を消極的に支持する。野党が社会の根本的な変革を叫べば叫ぶほど、彼らの野党からの離脱が進行してしまう。

新中間大衆は「豊かさ」を享受する一方で、産業社会や近代科学への懐疑の気持ちも抱き始めている。社会組織の複雑化に不満を持ち、行政エリートへの反感を抱く傾向もある。六〇年代末から七〇年代初めにかけての「新左翼運動」はこのような新中間大衆の「批判性」の現れであった。しかしながら、八〇年代に顕在化したのは、むしろ新中間大衆の「保身性」であり、保守主義の新たな発展が時代の基調となっていった。

このような村上の分析は、現在からの視点からすれば一定の修正を免れないだろう。とはいえ、同時代の分析としては極めて卓越したものであり、今日から見ても洞察に満ちたものであった。あらためて問われなければならないのは、一九七〇年代にあってあれだけ悲観的な展望を示していた村上がなぜ、かくも肯定的な戦後日本の評価をしたのかということである。おそらく、それは時代の空気の変化だけでは説明できない問題のはずである。知識人・村上泰亮にとっての一九八〇年代の意味を、本章の結論部において再検討したい。

（2）村上については宇野（二〇二三）も参照。

四　山崎正和

続いて山崎を検討したい。山崎の数多くの著作のうち、本章の視点から特に重要なのは『柔らかい個人主義の誕生』と『社交する人間』である。ほぼ二〇年の隔たりのある二つの著作には、共通している部分と、変化している部分の両方が見出せる。

思えば山崎の『柔らかい個人主義の誕生』と村上の『新中間大衆の時代』はともに一九八四年に刊行されている。村上について『産業社会の病理』と『新中間大衆の時代』の関係として述べたことが、そのまま山崎についてもあてはまるかもしれない。すなわち『鴎外　闘う家長』や『不機嫌の時代』に見られた強い危機意識や悲劇性が、『柔らかい個人主義の誕生』ではやや相対化・希薄化されている印象を否めないのである。

若き知識人として発展期の国家との蜜月時代を経たのち、「家長」として奮闘した森鴎外、もはや近代国家との間にそのような幸福な関係を持ちえず「不機嫌」になった夏目漱石や永井荷風らの世代を描くことで、山崎が問題としたのは国家と個人の関係であった。そこにあったのは、今後、個人は国家や社会において、再び明確な位置づけを持つことができるだろうかという問題意識であった。もはや自らを公的に意味づけることができない時代の個人——山崎の一九七〇年代の評論はその悲劇的様相に注目した。

その意味では、『柔らかい個人主義の誕生』が、高度経済成長と学生反乱という明確な縁取りを持つ一九六〇年代に比べ、時代の主題が見えにくく、「不確実性の時代」であり、さらに国家のイメージも縮小した一九七〇年代に対する問題意識から始まっているのは不思議でない。山崎はさらに高齢化や多様化が進展し、職場と家庭の相対的意味づけが低下するなか、現代の日本人が孤独な自分自身に向き合って生きざるをえないと論じる。

かつて産業化以前の社会においては大多数の人間が「誰でもないヒト（ノーボディー）」であり、産業社会ではひとしなみに扱われる「誰でもよいひと（エニボディー）」であったとすれば、いまや多くの人は自分が「誰かであるひと（サムボディー）」であると主張している。このような議論はいかにも山崎的なものであるが、読者はおそらく、これを受けて、その想いが満たされない現代人が再び「不機嫌の時代」へと突入しつつある、そんな論旨の展開を予測するのではないか。しかしながら、その予測は裏切られることになる。

山崎はむしろ、一九七〇年代以来の社会変化の底に、新しい自我と未来の個人主義にとっての「希望の芽」がのぞいていると主張する。それがすなわち、「成熟の時代の個人主義」であり、「より柔軟な美的な趣味と、開かれた自己表現の個人主義」である。以下、『柔らかい個人主義の誕生』の論調は、同時代の日本社会に見られる変化について、概して好意的で、肯定的であるといえる。

鍵となるのが「消費」と「社交」である。消費と生産が表裏一体なのはいつの時代も変わらないが、山崎によれば、一七世紀以降の産業化の時代において、消費の社会的価値は低下したままであった。現代においても生産の優位は変わらないが、七〇年代に入ってようやく消費の社会的価値が高まりを示すようになる。時代の流れは大量生産から多品種少量生産に転じ、人々はより直接的な文化サーヴィスを求めるようになっている。芸術、旅行、外食、スポーツ、生涯教育へのニーズが高まると同時に、人々の自己探究が商品になり、あらゆる活動は「人間相互間のゲーム」の様相を呈している。いわく言い難い「何かしら美しいもの」、「何かしら面白いもの」をデザインすることが産業となり、情報生産活動が商品開発を超えて拡大する。

山崎によれば、消費は効率主義とは対極にあり、目的の実現よりは実現の過程に関心を持つ。消費はモノの消耗と再生をその仮の目的としながら、実は充実した時間の消耗こそを真の目的とする。(3) 初期産業化社会で、たとえばプロテスタントが勤勉で禁欲的であったように、一七世紀以来の産業化の時代においては消費ではなく生産の論理が優位したとすれば、いまやその転換期に人々は差しかかっている。現代の産業は人々が何を喜び、何を求めているかを探り、商品化しようとする。その意味で脱産業化社会は、生産のなかにすら消費行動に似た構造を導入しているといえる。

山崎のもう一つのポイントが「社交」である。現代人が「誰かであるひと」として生きようとすれば、自分の所属する集団への帰属関係をより積極的に作り出し、一つひとつの役割をより自覚的に演じなければならない。いまや新しい社交空間が生まれつつあり、「抽象的な組織のシステムよりも、個人の顔が見える人間関係が重視される社会の到来」（山崎 一九八四：一〇五）が見られると山崎はいう。このような社交の場は、人々が自らの趣味を表現し合う場所となり、暗黙の相互批評のなかで趣味の正しさを確認する場所となる。デュルケームが指摘したように、近代社会が人間の感情を微調整する力を失い、その画一的で均質的な体制が個人の精神生活の基盤とはなりえないとすれば、それに代わるべき自然な感情的連帯に包まれた小集団が不可欠である。

日本における社交はどうか。山崎によれば、日本人は江戸時代以来、社交の観念に対して否定的な態度をとった。特に近代産業社会の建設のためにそれを徹底的に抑圧したという。日本における社交文化の最盛期は室町時代にあり、日本における特有な形態は「茶の湯」であった。しかしながら江戸時代にあっても社交は形を変えて存続したのであり、あるいは師匠と弟子からなる「教育」の形をとり、あるいは遊郭のような「裏社会」に隠れて社交の営みは続けられた。琴、三味線、生花、謡曲、短歌や俳句といった芸能はそれぞれに結社を作り、相互表現と相互批評を行なったが、それらはまさに日本的な社交の文化を形成した。

それでは、現代において、いかなる社交の可能性が残されているのか。極めて興味深いことに、山崎が示すのは、「消費する自我」の社交性である。

「生産する自我」は生産の行為を通じて、自分を一個の能力を持つ存在として限定した。言い換えれば、生産の手段として自らを限定したことになる。このようにして心と身体の全体を見渡し、それを完全に支配する力を手に入れようとした自我は、他人から厳然と区別されるべきものであった。
これに対し、山崎はもう一つの自我のあり方として、「消費する自我」を提示する。それは多様な消費の活動を通じて、限定されない自己の曖昧さと複雑さを受け入れるものであり、積極的に自己の内部の矛盾を認めるものである。複雑な自分の欲望を複雑なままに全体として持ち続け、それを満足によって解消せず、目的実現の過程を味わう。山崎は「生産する自我」を技術的人間、「消費する自我」を芸術的人間と呼ぶが、芸術が自分を評価する平等な他人の存在を必要とする以上、「消費する自我」は社交性の次元を必ず持つ。それが山崎の言う消費社会における「柔らかい個人主義」の可能性であった。

もちろん、山崎も現代における社交の復活の可能性について、単に楽観的であったわけではない。かつてのサロンのような確実な社交の場所は存在しないと述べる山崎は、(4)自らの議論が「ひとつの可能性」に過ぎず、その夢が無惨な幻想に終わるかもしれないことを認める。とはいえ、『柔らかい個人主義の誕生』が、一九八〇年代の日本社会を背景に、消費と社交による新たな個人主義への展望を示したことは紛れもない事実であろう。

このような『柔らかい個人主義の誕生』と比較したとき、『社交する人間』の特徴として指摘すべきはやはり、消費という主題が希薄化している点であろう。もちろん、そのことは山崎の問題意識から消費論が完全に脱落したことを直ちに意味しない。多くの重要な主題のうち、同書がもっぱら社交論に集中しているだけであると捉えることも十分に可能である。

とはいえ、『柔らかい個人主義の誕生』において消費と社交は論理的にセットになっており、社交論というある意味で反時代的なテーマを、新たな消費社会の論理と結びつけて展開した点にこそ、鮮やかな着眼が見られた。「消費する自我」こそが、個人に自己の曖昧さと複雑さを引き受けることを可能にさせるのであり、そのような自我が消費における趣味を同じくする他者とつながっていく可能性を持つ。その意味で、消費と社交は不可分であった。『社交する人間』においても、たとえば情報社会における「信用」の問題などがとりあげられているが、消費という主題が後退していることは否めない。

逆にいえば、社交論として『社交する人間』はより一貫した議論を展開している。社交は「厳密な意味で人間が感情を共有する行為」であり、「中間的な距離を置いて関わり合う人間が、一定の時間、空間をかぎって、適度に抑制された感情を緩やかに共有する」（山崎　二〇〇六：三九）ことに本質がある。社交は人が友情を結び、それを育てるための行動であるが、恋愛が二人の人間の関係を閉鎖的なものとするのに対し、友情は原則的に、常により広い交友関係に向かって開かれている。社交は単なる暇つぶしや贅沢ではなく、人間が人間らしくあるために不可欠な営みである。

山崎はフランシス・フクヤマに言及して次のようにいう。「社交性に富んだ社会とは、……人間の自然な親愛感が血縁家族の範囲を超え、多くの未知の他人を広く包みうるような社会である。具体的には孤独な個人と社会全体との中間に、両者をつなぐ中規模の集団が生まれやすい社会である」（山崎 二〇〇六：七四）。社交は「遊び」や「信用」、「芸術」や「礼節」などと深く結びつくと同時に、政治や経済の営みもまた深く社交と結びついている。特に芸術と技術とに分化する以前の「アルス」と社交を論じた部分は、山崎の社交論の白眉であるといえるだろう。

しかしながら、『社交する人間』を読みながら、多くの人は社交の持つ深い意義に感動を覚えつつ、それがいかにして現代において可能なのかという疑問を抱かざるをえない。人はいかにして自らを確認できるような、顔の見える具体的な他者との人間関係を取り戻せるのか。山崎自身、現在のグローバル化が、少なくとも当面、「何らかの社会形成の過程というより、むしろ従来の社会関係の解体の過程、弱体化の過程と呼んだほうがよい……。グローバル化が脅かしているのは、狭義の組織集団だけではなく、それが与える帰属の感覚にとどまらない。旧来の社会が許していた漠然とした安心、常識が保証する安全の感覚も次第に揺さぶられようとしている」（山崎 二〇〇六：三四六〜三四七）と述べているだけに、なおさらである。

この本においても、知的労働の重要性が高まるとともに、知的生産者の間の信用と相互承認の意義が高まること、大量生産・大量消費からますます消費の個性化や時間消費への志向が加速すること、さらに新たな「天職」や「プロフェッショナリズム」への期待が高まっていることなどが触れられるものの、新たな社交の可能性を強化する具体的な展望が示されているわけではない。一九八〇年代においてすでに反時代的な印象の強かった社交論は、二一世紀のグローバル社会において、さらにその反時代性が強まったといえるのではないか。

その意味で、『柔らかい個人主義の誕生』において見られた同時代社会に対する肯定的・積極的な評価は、『社交する人間』において大きく後退し、むしろ山崎の独自な文明史・人間学がその孤高の印象を強めたといえる。その後、山崎は、さらに大著『世界文明史の試み——神話と舞踏』（山崎 二〇一一）を発表したが[5]、時代と伴走するリベラル・モダニズムの知識人としての活動のピークはやはり、一九八〇年代にあったといえるのではなかろうか。

(3) この点において、村上のコンサマトリー論と似る。
(4) このような社交の可能性を追求するために、山崎がサントリー文化財団副理事長として、その創設以来、財団の活動をリードしたことはよく知られている。
(5) 興味深いことに、山崎はその晩年に至り、改めてデュルケムやベルクソン、メルロー＝ポンティへの参照が増えていく。山崎にとってこれらの思想家が持つ意義については、強調してもしすぎることはない。

五 リベラル・モダニズムの絶頂と衰退

冒頭で述べたように、本章の問題意識は、村上と山崎が一九八〇年代を代表する知識人——「岩波知識人」に代わる「中公知識人」、「デモクラティック・モダニスト」に代わる「リベラル・モダニスト」——でありながら、実は同時代と必ずしも幸福な関係になかったのではないかという点にあった。

村上の場合、一九七五年の『産業社会の病理』において顕著であったのは、産業化の進展にともなう個人主義の発展が、むしろ産業社会の自己解体をもたらすのではないかという危機意識であった。一定の物質的豊かさを実現した現代人は自らの存在理由や自由を求めるが、その個人主義は産業化をもたらした能動主義や手段的合理主義を掘り崩す可能性を秘めていた。消費社会の論理に馴染んだ大衆は、ただ働くだけでなく、労働のなかに喜びや生きがいを見出そうとするが（コンサマトリー化）、はたしてそれが満たされうるのかは自明でない。産業社会のただ中において、精神的空洞化が進むことを村上は危惧した。

一方で、一九八四年の『新中間大衆の時代』ではむしろ、戦後日本社会に対する肯定的・積極的な評価が目立つ。日本的経営には一定の合理性があり、戦後日本経済は「仕切られた競争」として理論的に説明することが可能である。「上でも下でもない」新中間大衆の「保身性」について村上は批判的に分析するものの、新たな都市型の保守主義の出現の必然性を認めているようにも読める。後発国型の近代化を経験した日本において、伝統指向型の包括政党がこれからどうなっていくのかについて若干の留保をしつつも、『産業社会の病理』に見られた危機意識は希薄である。

それでは「産業社会の病理」を、戦後日本の経済モデルが乗り越えたことになるのか。おそらく村上はそのように考えていなかったであろう。そして村上は、一九九二年の『反古典の政治経済学』において再び「進歩主義の黄昏」以降における新たな社会モデルの模索に乗り出したが、彼に残された時間はあまりに短かった。何より戦後日本の成功を支えたアメリカ主導の繁栄の時代が終わりを迎えた以上、日本がこれから迎える困難な時代を予感しつつ、村上はこの世を去ったのである。

一方、一九七〇年代において、国家や社会において、明確な位置づけを持つことができない孤独な個人を描いた山崎は、一九八〇年代において「社交」と「消費」を結びつける斬新な個人主義を提示した。多様な商品を前に選択する個人は、消費の時間を享受するとともに、自らの多様な欲望の存在を認め、より柔軟な自我を持つに至る。そのような個人は自らと趣味を同じくする他者との社交を求めるようになり、社会と個人との間に中間的な組織を志向するようになる。

このような「柔らかい個人主義」による社交の可能性を論じた山崎は、二一世紀になって、さらに体系的な社交論である『社交する人間』を刊行した。そこには明らかに一貫した問題意識を見てとれる一方、消費という主題は大きく後退することになる。現代的な知的集約社会における信用や信頼の問題、趣味を同じくする人間のコミュニケーションの可能性（現在ならば「ファンダム」と呼びうるだろう）が論じられるものの、『柔らかい個人主義の誕生』に見られた同時代との軽やかな共鳴関係は見出せない。山崎は反時代的な文明史家としての相貌を色濃くしていった。

それでは、村上泰亮と山崎正和を二つの頂点とする一九八〇年代のリベラル・モダニズムを私たちはどのように評価すべきなのだろうか。すでに述べたように、敗戦による体制の崩壊を経験した戦後日本において、新たな社会を構築するための理念を提示したデモクラティック・モダニズムの知識人が力を持ったとすれば、一九七〇年代から八〇年代にかけて、それと入れ替わる知識人の台頭が見られた。彼らは、日本の経済成長を肯定し、産業社会の現状をより良くしていくために、具体的な制度論や政策論を提示するリベラル・モダニストの知識人であった。村上と山崎はそのなかにあっても傑出して広い理論的視座と独自の文明論的発想を持った知識人であった。

しかし、そこに彼らの困難性もあった。二人の知識人の精神の根底にあったのはむしろ悲劇的な感覚であり、同時代への鋭い危機意識であった。にもかかわらず、彼らは自信を回復し、より自己肯定的な言説を求める同時代の新たな読者層の欲求に応える役割を担わざるをえなかった。二人の分析が見事であれば見事であるほど、同時代を伴走する知識人と見なされていった。彼らはそのような役割を明示的に拒否することはなかったが、思想家としての本質的資質と、同時代的な評論家としての役割の間に、矛盾と緊張が潜在していたように思えてならない。

村上にとって最も重要であったのはやはり、産業社会が進展するなかで、個人にその生の意味を付与する社会機能の喪失であり、繁栄のただ中にあって社会の価値が空洞化することであった。しかしながら、七〇年代に鋭い危機意識を持った村上は、八〇年代においてはむしろ、「日本型組織」の合理性を擁護するイデオローグとして活躍することになる。生活を充足された諸個人の保守化を見事に予言し、分析した村上は、同時に、自らの社会の現状を正当化する保守の論客としての役割を担うことになったのである。とはいえ、空洞化する進歩主義への問題意識は彼が世を去るまで持続し、村上の議論にペシミスティックなトーンをまとわせた。八〇年代において村上はやはり両義的な存在であり続けた。

山崎もまた八〇年代において抱え込まざるをえなかった両義性を、その後の時間のなかで問い直し続けたといえる。しかも、山崎には村上になかったその後の人生の時間があり、サントリー文化財団のような、彼の「社交」の理念を実現する場があった。ただし、それでも山崎の思考は二一世紀になり、大きな変化を示したように思われる。八〇年代の議論に顕著だった「消費」をめぐる議論は後退し、むしろ「身体」「舞踏」「宗教」などをめぐって、個としての充実を求めつつ、それを超える価値を希求する人間のあり方を根源的に検討する文明論が目立つようになる。山崎は八〇年代において自らに課された問いを、誠実、かつ持続的に考え続けたといえるだろう。

振り返れば一九八〇年代は日本の大きな転換点であった。高度経済成長を達成し、あるいは明治以来の「追いつき型」の近代を完走したかにも思えた日本社会は、新たな自己像と未来への展望を求めた。村上と山崎の分析は、そのための重要な知的洞察を提示したものの、同時代的には、その肯定的な部分のみに光が当てられ、根源的な精神的問いかけはなおざりにされたといえるのではないか。そして日本が他の先進諸国を「追い抜いた」と思ったのが単なる幻想であったことが明らかになった現在、日本社会は再び巨大な精神的空洞に直面しているようにも思える。いま一度、二人の知的巨人の精神的遺産を真剣に読み直すべき時期が到来しているのかもしれない。

参照文献

※本章で言及した村上泰亮・山崎正和の著書
村上泰亮（一九八七）『新中間大衆の時代――戦後日本の解剖学』中公文庫（原本は一九八四年）。

――（一九九二）『反古典の政治経済学』（上巻『進歩史観の黄昏』、下巻『二十一世紀への序説』）中央公論新社。

――（二〇一〇）『産業社会の病理』中公クラシックス（原本は一九七五年）。

――・公文俊平・佐藤誠三郎（一九七九）『文明としてのイエ社会』中央公論新社。

山崎正和（一九七一）『劇的なる日本人』新潮社。

――（一九七二）『鴎外　闘う家長』河出書房新社。

――（一九七六）『不機嫌の時代』新潮社。

――（一九八四）『柔らかい個人主義の誕生』中央公論社。

――（二〇〇六）『社交する人間――ホモ・ソシアビリス』中公文庫（原本は二〇〇三年）。

――（二〇一一）『世界文明史の試み――神話と舞踏』中央公論新社。

※村上泰亮・山崎正和以外の著作
井尻千男（一九八二）『産業知識人の時代――成熟社会の構図を探る』ＰＨＰ研究所。

エズラ・ヴォーゲル（広中和歌子・木本彰子訳）（一九七九）『ジャパン・アズ・ナンバーワン――アメリカへの教訓』阪急コミュニケーションズ。

宇野重規（二〇二三）『日本の保守とリベラル――思考の座標軸を立て直す』中公選書。

リチャード・ホーフスタッター（田村哲夫訳）（二〇〇三）『アメリカの反知性主義』みすず書房。

松本礼二（二〇一九）『知識人の時代と丸山眞男――比較二〇世紀思想史の試み』岩波書店。

第五章　二つの近代家族像

――香山健一とリベラル・モダニストの家族像

徳久　恭子

一　問題の所在

二　未来学という同床異夢——香山健一とリベラル・モダニスト

三　産業社会の病理——村上泰亮の懸念

四　消費社会における文化的紐帯——山崎正和と黒川紀章

五　戦後知識人たちの家族像

一　問題の所在

日本は少子高齢化により深刻な社会問題に直面する――。一九九〇年の一・五七ショック以降、繰り返された予見だが、政府対応は遅れをとった。「生めよ育てよ国の為」という戦時体制下の人口政策への反省や忌避感が対策を躊躇させたこと、出生率低下の見通しの甘さ等が理由に挙げられる。しかし、政治の場で家族の問題が語られなかったわけではない。橋本龍太郎政権以降は、家族の問題が人口問題やケアの社会化と結びつけて論じられるようになった。

橋本首相は、一九九六年一月二二日の施政方針演説で、二一世紀にふさわしい新しいシステムの創出により活気と自信にあふれた社会を創造することを言明した。政策通の厚生族でもあった橋本にしてみれば、社会経済構造が転換する時代に、家族主義を基本とした旧来的な「日本型福祉社会」に頼ることは土台無理で、女性や高齢者の社会参画、介護や子育てなどのケアの社会化を実現する、個人を単位とした普遍主義の理念に基づく改革が不可欠だった。伝統的な家族観を擁護する自民党のなかでパラダイム転換を伴う改革を推進するためには政治手腕が必要で、橋本に期待が寄せられた。ところが、一九九八年の参議院議員選挙大敗の責任をとって橋本が辞任を決めたことで、改革は道半ばに終わった。

後任の小渕恵三は前内閣の課題を真摯に受け止め、二一世紀における日本のあるべき姿を検討するための懇談会・「二一世紀日本の構想」懇談会を一九九九年三月三〇日に発足させた。河合隼雄を座長、山本正を幹事に、五百旗頭真、佐々木毅、山崎正和らリベラル・モダニストを中軸にして構成された同会は、小渕首相も参加した合同合宿や海外での意見交換会等で検討を重ね練り上げた報告書「二一世紀日本の構想　日本のフロンティアは日本の中にある――自治と協治で築く新世紀」を二〇〇〇年一月二八日に提出した。

総論にあたる第一章では、戦後の日本の成功モデルへの過信が日本の活力を殺いだことを問題にした。二〇世紀の日本は、伝統的価値を遵守させ、個人を家族や地域、国家や企業という「組織」に帰属させることで安心を保障し、経済成長に導いた。ところが、脱工業化やグローバル化、情報技術革命、科学技術の革新等は社会の流動性と複雑性を高め、多様性を求めている。国内で加速する少子高齢化を受け止めつつ、社会の活力を維持するには、家族の姿や世代間関係におよぶ変化を当たり前のものとし、世代・男女・国籍を問わず、それぞれのライフステージに応じた暮らしを営みうる、成熟した社会の構築が急がれる。むろん、そこにおいても、仕事、教育、家庭・地域社会、社会保障が個人の安心を支える点は変わらない。「個の世紀」における社会生活のあり方を検討した第三章は右の点に留意しながらも、二一世紀の社会は寛容と協調性をもつ自律的で多様な個人から成ること、それゆえ、その個人が主体的に参加する社会システムの構築が必要であることを唱えた。

審議過程を熟知する小渕首相は実現に意欲を燃やし、三月二七日に発足した教育改革国民会議に教育と家庭・地域社会のあり方を検討させることにした。ところが、四月二日に小渕首相が病に倒れ、五日に森喜朗内閣が発足すると論調は一変した。文教族として知られた森は、「思いやりの心や奉仕の精神、日本の文化・伝統の尊重など日本人として持つべき豊かな心や、倫理観、道徳心をはぐくむ」ことを施政方針演説に掲げ、その骨子を教育改革国民会議の議論にただちに反映させた。一二月二二日に発表された最終報告「教育を変える一七の提案」も伝統的保守主義の立場を基調にまとめられ、家庭の役割が改めて強調された。その内容は、性別役割分業を前提にした硬い家族像を緩やかに捉え直し、新しいつながりを築くことを求めた「二一世紀日本の構想」懇談会の提言と真逆のもので、第一次安倍晋三内閣以降、自民党は教育とケアにおける家族主義の徹底を期待するようになった。

だが、肝心の家族は形を変えている。未婚者数の増加、低位にとどまる合計特殊出生率、単独世帯数の増加傾向は、戦後の標準家族世帯が限られたものになったことを意味する。性別役割分業とタテの関係性を重んじる「硬く閉じた家族」(1)を社会の支柱とみなす伝統的保守主義の立場を基本とする安倍政権でさえ、ケアの社会化を部分的に容認したのは、少子高齢化により不足する労働力の補填には「女性の活躍」が欠かせないという判断があったからで、人口問題は政策転換を否応なしに突き付けている。

もちろん、対応は一律でない。ケアの社会化は、多様な個人の生き方を基本とする「やわらかい家族」像に訴えるリベラリズムの政策立場を体現したものだが、標準家族世帯を維持する手段としても利用できる。むろん、恣意的な折衷は家族政策から一貫性を奪い、ちぐはぐな政策選択を許すことで少子化対策を混迷させる可能性を残す。だが残念なことに、折衷型の家族政策はこれまでも採用され、問題の所在を見えにくくさせてきた。起点は大平正芳首相の政策研究会報告書前後の政策形成に見出せる。本章は「硬い家族」と「やわらかい家族」という二つの近代家族像を併置させながらも前者を重点化した保守主義の論客・香山健一の思想を梅棹忠夫、黒川紀章、村上泰亮、山崎正和と対置させて検討することで、日本の家族政策の課題を明らかにしたい。

この試みは一九七〇年代から八〇年代における保守主義やリベラル・モダニズムの「男性」性、より正確には、市場化されがたいケア労働の担い手たちの現実を見通せないままに、硬い家族の再生産を望んだり、自立した自由な個人に期待をかけたりしたことが、経済的に不安定化し、高齢化した現代社会において「家族からの逃走」を招く契機となったことを明らかにしようとするものである。本書における本章の意義として要約すれば、本章は「家族」や「家庭」に焦点を据えて、リベラル・モダニズムならびにそれと親和性の高い保守主義（経済的自由主義）が捉え損ねたもの、軽視したものを詳らかにすることでリベラル・モダニズムの課題や今後の政策展開を考える一助になると思われる。以下に検討をしよう。

（1）「硬い家族」と「柔らかい家族」という類型の詳細は、徳久（二〇二三：五一二〜五六五）を参照のこと。

二　未来学という同床異夢——香山健一とリベラル・モダニスト

香山健一は一九三三年に東京で生まれ、八歳で満洲にわたり一二歳の時に敗戦を迎えた。「私生活から公的生活に至る現実世界の崩壊」を目の当たりにしながら母弟妹と引き揚げた経験は彼の思想に少なからずの影響を与えたと思われる（香山　一九九二：一五）。

東京大学入学後は学生運動に傾注したものの、六〇年安保闘争が終結した直後から清水幾太郎らとともに思想的「総括」を行ない、保守思想の論客に転じていった（大嶽　二〇〇七）。香山にとって社会主義とは、「ほんらいゆたかで、自由で、平等で、安定したユートピアに与えられたひとつの名称」で、その姿を「ヴィジョンと社会的技術の両面からつねに創造的に追求」すべきものだったが、「マルクス主義の多くは未来への姿勢を忘れて「提案なき反対派」」になり下がったことで、決別の対象となった（香山　一九六七：六一～六二）。社会改造への強い関心は、彼を社会工学に、さらには、未来学に向かわしめた。

「未だ来らざる」ものを対象にする、未来学への社会的関心の高まりは、産業社会が工業社会から情報産業を核とする「次の段階の社会」に移行しつつあることに起因した（梅棹　一九六三：四六～五八、一九六七：二八～三七）。「学」としての体系を欠く未来学であったが、情報革命は社会経済のあり方を変えるという認識は、経済界においても広く共有され、「科学技術と経済の会」の未来部会の活動に多くの知識人を動員して意見を交わさせた。香山も参加した一人だった。

学習院大学に赴任した香山は、未来の発明という作業は社会を構想するビジョンとそのための技術を併せ持つ必要があるというデニス・ガボールの主張に共感し、未来学に邁進した。当時、社会的には不安視されていた技術革新がもたらす社会変動も、社会工学の立場からすれば、社会科学的手段の発達により統御可能で、それを支える専門的・技術的階層の拡充が急がれた。のみならず、香山が要望したのは新しい文明を創造する能力を持ったエリートの輩出で、「徹底した能力主義と個性をひきだすことに力点をおく」英才教育の充実を政策課題とした（香山 一九六七：二五九）。

同時に、情報社会においては、公共性を優先する人間的、合理的、多元的な精神的態度を習得した一定の知的水準を満たす「新しい型の人間」であることが、エリートに限らず求められることを強調した。具体的には、「狂信を拒否し、多様な意見の存在を尊重する自由な精神の持主」で、「つねに建設的、未来指向的に〈問題解決〉に努力する人間」であることを求めたわけだが、そうした人間像はファシズムやマルクス主義に向けた批判でもあった（香山 一九六八：九七）。ただし、香山の議論は人間の質の改善を求める点で選別的で前衛的でもあった（香山 一九六七：二一六）。大衆余暇時代の担い手たる「ホモ・ルーデンス（遊戯する人）」を教育と優生学的手法で選別された社会のなかで人生を楽しむ存在としたのはそれを象徴するが（香山 一九六七：二二〇〜二二一）、こうした理解は同じく「あそび」を重視したリベラル・モダニスト（梅棹忠夫、永井陽之助、山崎正和、黒川紀章ら）のそれと異なった。

くわえて、香山はナショナルなものに特有の解釈を抱いた。工業化の過程はすべての国を画一化し、コスモポリタン化する傾向にあるものの、情報社会においては「各民族、各国家の文化的個性が重視され」、「文化の多様性に裏づけられた新しいナショナリズムが芽生え」る可能性があるとした。その上で、「余暇時代のなかで、日本社会の家族的構成という伝統的性格が、新しい変貌をとげながら、西欧にはない人間関係、社会関係の姿を生みだ」す点を踏まえた社会開発の計画を練る必要があると述べた（香山 一九六七：二五九〜二六〇）。文化やナショナリズムを産業の発展段階から説明する点に独自性があるものの、香山の理解は『文明としてのイエ社会』（村上ほか 一九七九）を記した公文俊平、佐藤誠三郎、村上泰亮に通ずるものがあった。

彼らの思想的配置は多様であったものの、一九七〇年代になると、政府の政策形成にともに関与していった。端緒は内閣調査室の志垣民郎が一九七一年五月に始めた「政策科学研究会（PSR）」で、香山健一が幹事を担い、国家の政策を検討した。ここに参加したのは、香山と旧知の公文俊平、中嶋嶺雄、志水速雄と、新たに声掛けした山崎正和、高坂正堯、黒川紀章らで、一九七二年には佐藤誠三郎も加わった（志垣 二〇一九、御厨ほか 二〇一七）。保守主義とリベラル・モダニズムの協働は大平正芳首相の政策研究会まで続くことになる。

香山の自民党への政策的関与は、一九七一年に自民党基本問題懇談会が設置される前後に始まった（中北 二〇一四）。小島弘の回想によると、香山や佐藤が自民党との関係性を強めたのは、一九七二年の衆議院議員選挙における共産党の躍進を懸念した橋本登美三郎自民党幹事長

（一九七二年七月〜七四年一一月）の影響が大きかったという。[2] 橋本は蛇の道は蛇との判断で全学連関係者を重用したというが、橋本と香山らの関係を示す公的資料は管見のかぎり見当たらない。だが、香山・公文・佐藤の三名が「グループ1984年」名義で『文藝春秋』に「日本共産党「民主連合政府綱領」批判」（一九七四年六月号）、「日本共産党への再批判」（同年八月号）、「日本の自殺」（一九七五年二月号）を立て続けに発表した時期と、橋本幹事長が国民の自助を基礎とする福祉社会の建設を掲げる私案を示した時期（一九七四年四月）が近似したこと、橋本私案の力点が「日本の自殺」と似たことから、彼らの関与が予想される。田中角栄内閣の敷いた「活力ある福祉社会」の実現による福祉国家の充実という政策路線の転換を狙い、福祉国家批判に向けた世論喚起を企図して執筆された「日本の自殺」を見ておこう。

「日本の自殺」は、「繁栄と都市化が大衆社会化状況を出現させ、それが大衆の判断や思考力を衰弱させることを通じて、「パンとサーカス」の活力なき「福祉国家」へと堕落し、エゴと悪平等主義の泥沼に沈んでいく」という「恐るべき自壊作用のメカニズム」が日本社会の内部に育まれていることに警鐘を鳴らした（グループ1984年 一九七六：四三）。要するに、物質的繁栄が日本の伝統文化を崩し、日本人の精神生活を解体させることで日本社会は自壊に至ると警告したのであり（同：五〇）、それを回避して社会に活力を取り戻すには、日本社会の家族的構成を活かした日本型福祉の創造が欠かせないとした。

家庭こそが日本社会の要であり、その崩壊は「日本社会の秩序と規律を破壊」させ、「日本社会の美徳と生命力とを損なわしめ」るという主張の背景には、家庭は、本来、「生産と消費の単位であると同時に、文化的、宗教的、教育的、統治的諸機能を兼ね備え」るという前提があった。ところが、産業社会の経済メカニズムと経済学の解釈は、家庭から「社会的機能の多くを奪い去り、家庭を単なる消費の単位に矮小化」させた。香山はここに日本社会の病理を見出したのである（香山　一九七八：二〇七〜二〇九）。

この点をもう少し確認しよう。一般に、消費生活とは、財やサービスを買い、それを消費する暮らしを指す。衣食住を満たすことは消費行為だが、その裏側には、家事や育児・介護などのケア労働が存在する。個人はケア需要を市場で満たすこともできるし、家族の誰かに無償で供給させることもできる。

前者の立場をとるものとして、リベラル・モダニストに位置づけられる梅棹忠夫の「妻無用論」が挙げられる。梅棹は家事労働の外部化や機械化により家事労働が減り、主婦としての「妻」は不要になること、子育てについても、育児労働を社会化すれば、ケア労働をする「母」も（妊娠と分娩を除けば）不要になり、「男と女の、社会的な同質化現象は、さけがたい」ものになるとした（梅棹　二〇二〇）。つまり、産業化は性別役割分業を強いる社会的条件を解消し、同質的な個人を誕生させるとみたのである。

後者の立場を支持したのは、香山ら保守主義者であり、ケア労働の無償化を維持するために、性別役割分業の固定化を期待した。彼らにとって家庭とは、人的資本の形成（育児と家庭教育）と労働力の再生（男性稼得者のケア）が担われる空間で、そこでは、経済発展に資する「ケアによる再生産」、社会秩序や価値の内面化（「社会化」）、社会的連帯の涵養などが母親によってなされる。都市新中間層という出自が彼らの家族像を性別役割分業に特徴づけられた「近代家族」に限定させたといえるが、社会変革に応じた価値の変貌を所与とする香山の理解に倣えば、家族主義による福祉の徹底という目的合理的な行為といえる。つまり、香山は意図的に「近代家族の伝統化」を図ったのである。(3)

香山らが携えた「家庭を中軸とする日本型福祉社会」という政策理念は、大平正芳の自民党総裁選立候補に向けた基本政策（一九七八年一〇月）に打ち出されて以降、社会構想のビジョンとして実体化していった。次なる課題は、実現手段の提示（社会工学的次元）であり、香山らは小さな政府を前提に、民間の活力による自立と連帯を期待する新自由主義の手法を採用した（香山ほか一九七八：二二五）。

（2）https://www.biglife21.com/politics/9962/（二〇二四年八月三日最終閲覧）。

（3）落合はこの役割を中曽根に求めたが（落合　二〇二三：三一七～三二一）、アイディア・ブローカーは香山だと考えられる。

三　産業社会の病理——村上泰亮の懸念

だが、家族が安泰だったわけではない。追いつき型近代の終焉を自覚し、新しい国家ビジョンを示すために大平正芳首相が立ち上げた政策研究会の議論においても、近代家族の病理が言及されていた。社会的紐帯を築く基本単位の一つである家族の動揺を「産業社会の病理」としていち早く捉えたのは、前述した『文明としてのイエ社会』を執筆した村上泰亮であった。

村上は資本主義的産業社会が独自の統合機能を持たず、「前産業社会からの遺産を食いつぶすことによって統合を保っている」こと、その遺産も限りがあることを危惧した（村上　一九七五：九九）。近代以前においては、大家族、部族、村落、教会組織、宗教などが社会統合を担保した。ところが、産業社会の要請する生産と消費の分化は、集団の構成員から「生活の全体にわたる帰属感」を奪い、安定的な基礎集団の形成を阻害した。産業化は「個別化」（人々が自分自身の事情のみを引照して行動すること）を招き、人々が帰属しうる「最後の隠れ家となるのは、最小の親密圏としての核家族・夫婦・性的友人」であるという「私化」に至らしめるからである（村上ほか一九七九：一五八〜一六〇）。私化は「即時化」（感覚的快楽追及、親子・友人間の愛情の表現、宗教的献身など行為それ自体に満足ないし価値実現を求める行為）を強化することで、産業化に欠かせない手段的行為（収入のための労働、将来のための投資など資本主義の根幹をなす行為）を減じさせ、持続性を奪う（村上ほ

か　一九七九：一六九）。産業化の発展を保障する手段的行為を促す上で有効なのは、関係性のなかで目標を共有し、感情をも満たす中間的集団（大家族、地域的集団、企業など）の存在だったり、家庭内での生産と消費の再統合だったりする。

『文明としてのイエ社会』では、日本の家族主義や集団主義はこれを満たすことで、成長を保障した点を強調した。この主張は、「資本主義の弊害を克服する鍵を、個人と国家の間にある組織や集団に求め」、「個人と社会をつなぐ共通善」を重視する大平首相の思想と親和的で、中間的集団への注目が政策研究会の思想的土台として共有された（宇野　二〇一四：一七二〜一八三）。だが、『産業社会の病理』（村上　一九七五）を執筆した当時の村上は、日本社会の家族的構成に楽観的でなかった。同年に出版された、三木武夫首相への私的提言『生涯設計計画――日本型福祉社会のビジョン』（村上・蠟山ほか　一九七五）から確認しよう。

同書は、価値観の多様化を前提に、個人個人の信念に忠実に従い、生きがいを追求できる社会的システムの構築を目指したもので、自助・互助・共助・公助の選択とミックスを可能にする仕組みづくりを追求した。具体的には、脱産業社会における個人主義の原則的傾向および各種集団、家族、企業体や地域共同体といった中間的集団の実態を踏まえた上で、「自助と相互扶助の間に、相互に強化し合う関係」を成立させうる、最適水準を保つナショナル・ミニマムの制度化を求めたのである（村上・蠟山ほか　一九七五：九六〜九八）。ただし、それは集権的なものではなく、新たな相互扶助関係を築き、個人が活躍しうる新たな日本型の分権的社会システムの創造を期待した。

追いつき型近代の終焉を予想し、日本が独自の新しいやり方で社会システムを再構築する必要があることに訴えた点は、香山に共通した。だが、「家庭を中軸とする日本型福祉社会」の構築に楽観的な期待を寄せた香山に対し、村上は悲観的だった。[4] 永井陽之助との対談において「イエ社会的な集団主義は解体傾向にあるということを踏まえて、もう一ぺん個人を作り直すようなことが必要なんじゃないだろうか。そこから、かなり時間をかけて、公共と個人のバランスを作り直すという以外に対応の仕方はないいんじゃないだろうか。」と発言したのは、その証左といえる（村上・永井　一九七五：八二〜八三）。

村上が、企業を中心に、情動的結合に基づく日本の同族型集団主義が機能する現実を認めながらも、将来的な機能不全を予想したのは、都市化の不可逆性を見たからだった。産業化以前に固有の自治的集団原則を持った西欧の諸都市と異なり、日本の都市は擬似ムラ（学閥や郷党や企業など）の競争の場でしかなく、擬似ムラ間の統合原則をほとんど持たない「群化社会」であり続けた。ゆえに、戦前の日本の大都市（大都会）は「擬個人主義が支配し、早熟な形で、思想や文化を受容する消費者大衆の場」であり、早熟な形で「大衆社会」をもたらしていた（村上　一九七五：一九七）。戦後に全土化した都市化は、「デラシネ（根無し草）の消費者を中心とした擬個人主義」を過剰なまでに広げ、社会を原子化させている（村上　一九七五：二〇九）。社会秩序の維持には、新たな社会統合の場を構築する必要がある。

これが政治課題となるはずだが、現実はその方向に向いていない。村上が『生涯設計計画』で期待したのは、「新しい家郷＝新しい同族型集団主義」の再建を政府が行なうことであり、それを「日本型福祉社会のビジョン」の提示と表現したのであった。そして、来るべき社会システムを「新たな日本型の分権的社会システム」と呼んだのは、個人の所属実態（社会統合）の保障はローカルな場でこそ実現されると考えたからであった。

このように、香山と村上は、家族的構成や同族型集団主義という組織特性に照らして日本社会の発展を説明する点を同じくしたものの、脱工業化した産業社会における有用性については、真逆の見解を示した。理由は二つ考えられる。一つは、注目する集団の違いである。香山は社会集団の基礎を家庭に置いたが、村上は社会システムの要となる中間的集団に据えた。村上にとって大家族は中間的集団たりえたものの、私事化し親密圏において機能する核家族は対象でなかった。これはもう一つの理由、社会システムにおける統合への関心の有無を如実に表している。村上の関心は統合にあったが、香山の関心は設計と管理（社会工学）に置かれた。管理の対象は個人であり、個人が第一義的に属する家庭であった。香山の仮定する個人は「能力のある人間」で自助・自立を前提にした。ただし、それは親密圏としての家庭の上にある存在で、家庭（近代家族）が社会秩序の源泉となった。

家庭を守るのは良妻賢母であって、女性「個人」でなかった。しかし実際は、「デラシネの消費者」となった女性たちが苛まれた病理が、家族をも徐々に蝕んでいた。この問題にもう少し踏み込んでおこう。

戦後の日本において「家族」は社会を映す鏡だった。敗戦は家父長制をとる「イエ」としての家族を封建的残滓と見なし、男女の平等と個人の尊厳を保障する近代的家族への転換を迫った。GHQ主導の改革は前近代社会で人々のアイデンティティを保障した親族関係や地域共同体、宗教の権威を弱めることで、理念的に「個人」を誕生させたが、実態を保障したのは産業構造の転換だった。一九五〇年代半ばに本格化した人口の社会移動は、自然村にあった濃密な親族関係や地縁関係(隣組や檀家制を含む)からの離脱を可能にした。一方、都市に流出した人々の多くは会社や郷友会、自治会・町内会などの擬似ムラに頼ることができたし、新たな(核)家族を築くこともできた(山田 二〇〇五)。高度経済成長期は、死亡率が低下したのに多産が続くことで生産年齢人口が増加した人口ボーナスの時期にあたり、家族主義的なケアが幾重にも可能だった(落合 二〇一九)。

ところが、一九七〇年代に入り郊外化の波がおよぶと、家族の病理が浮かびあがった。この問題にいち早く直面したアメリカの例から検討しよう。二〇世紀アメリカの経済成長を支えたのは内需の拡大で、市場が創造した、消費生活の豊かさを謳歌する標準的なアメリカ人の暮らしにより達成された。その舞台は稼ぎ主の夫と専業主婦の妻、複数の子どもたちからなる愛で結ばれた家族が暮らす郊外(田園都市)のマイホームだった(三浦 一九九九)。郊外は職住分離を前提に、そこで暮らす人たちの社会経済的背景を均質化させたが、その特性は日常生活の多くをそこで費やす女性たちを蝕んだ。一九六三年に公表された、ベティ・フリーダンの『女らしさの神話』はそれを捉えたもので、隔離され同質化された空間で、妻として母として理想的な振る舞いを強いられることへの女性の苦しさや虚しさが明らかになった（フリーダン　二〇〇四）。

香山はこの問題を軽んじたが、村上は『生涯設計計画』において、それを部分的に受け止めていた。しかし、それも不十分だった。「生産」の論理に基づく議論を展開する香山、公文、佐藤、村上が注目したのは、男性稼ぎ主が所属する中間的集団であり、その強化や再建を求めても、「消費」の空間に暮らす女性や子どもの統合の問題を正面から見据えていなかったからである。

これを適切にとりあげたのは、女性たちであり、その意見は大平首相の政策研究会・家庭基盤充実研究グループの「家庭基盤充実のための提言」に掲げられた。政策研究員で幹事を務めた香山と志水速雄が草稿を準備した報告書に、多様な世帯構成を持つ、多様な家族の暮らしがあることを前提に、個々のライフステージに応じたそれぞれの暮らしを営むための家庭基盤充実のあり方が述べられたのは、学識経験者の議論をもとに、省庁を横断する「省際的学際的なプロジェクト・チーム」が草稿を作成し、政府部内の「家庭基盤充実構想推進連絡会議」に諮りながら報告書が完成させられたからであった（自由民主党　一九八〇：二四五）。

学識経験者には、文化人類学者としてジェンダー研究を進めた原ひろ子、幼児臨床心理学を専門とした深谷和子、佐藤誠三郎の妻で検事から国連アジア極東犯罪防止研修所次長を経て総理府青少年対策本部参事官を務めた佐藤欣子らが名を連ねた。滞米経験のある原と佐藤は女性問題の動向を熟知していたし、家族・家庭生活の多様化が不可逆的であることを理解していた。佐藤のエッセイをみよう。佐藤によると、提言（「六　婦人の生きがいと生活設計」）は、「女性の生き方の多様化に対応して、家庭にある育児期の婦人や中高年婦人の生きがいと生活設計への支援とともに、有職婦人の家庭生活への支援として、育児休業制度をはじめとする各種の施策を提案し」たものだったという。在外経験から女性の社会進出に併せて家庭問題の危機論が噴出することを知る佐藤は、養育や介護の第一次的な責任が家庭にあるからこそ、「経済的、社会的諸条件や人々の家庭に関する意識の変化に応じた、国の施策や行政サービスが必要」だとした。その上で、「家庭の責任は、女性だけが担うべきものではなく、家庭構成員全員が相互依存と信頼に基づいて、それぞれの家庭にとって最善の方法でその役割を分担することによって果たされる」とした（佐藤　一九八六：二七〜二八）。

家庭ごとに最適な役割分担が異なるという理解は、提言「五　未来のための育児と家庭教育」にも示された。そこでは家庭教育における父親の役割の再確認、しつけにおける親の過干渉がもたらす弊害などの指摘、保育所・託児所の整備要求等が掲げられたが、それらはしつけや家庭教育の社会化を促すもので、内容から深谷や原の関与が予想される。

要するに、彼女たちは「開かれた家庭」や「やわらかい家族」の創造を期待したわけだが、裏には、「ものいわぬ主婦の不安」が社会問題化しつつある現実があった（岩男・原　一九七九）。専業主婦たちの鬱屈を構造的な問題と捉える見方は、一九六〇年代のアメリカで主流となり、日本でも受容された。ただし、その対応を欧米と同じくすることは難しかった。家族が置かれる社会経済的、政治的文脈が異なったからである（原　一九八三：二四五〜二四六、佐藤　一九八六：三九）。都市の核家族と親族や近隣との関係を見ても、西欧社会の中流家庭に比べて日本の閉鎖性は高く、孤立しやすい。その理由は複数考えられるが、性別ごとの振る舞いや規範、他者・他集団との関係性（連帯の規範とあり方）、所属先となる集団の有無等が挙げられる。原が「現代日本において、家族の形態や家族内の役割分担の多様性を認め、異質なものの共存をより寛大にうけ入れるような文化的風土が作られて行けば、現状の下で「家族病理」の症状におちいっている家族や個人が、そうならずに済む場合があるのではないか」と述べたのは、文化人類学者ならではの推察といえる（原　一九八三：二五〇）。

平等な個人を成員とし、ソトにもウチにも開かれた柔軟な家族像を描く原や佐藤らの議論はリベラリズムを体現したものだが、近代家族の病理を改善する手段として、ケアの家族主義を緩和し、社会化を促すことで個人の安定や社会的連帯を強められるとした点は先駆的だった。

とはいえ、報告書は女性をソトに結びつける積極的な方策を欠いた。むしろ、社会組織の家族的構成を強化させる逆の主張（香山らの主張）を併置させた。「硬い家族」に属する「強い個人」という前提に挑んだのは、政策研究会の「文化の時代」と「田園都市構想」グループに属した山崎正和（政策研究員・幹事）と黒川紀章（政策研究員）であり、「やわらかい」個人の紐帯で結ばれた社会のあり方が検討された。

（4）一九七〇年代の村上については、宇野（二〇一九：、四三〜一六三）に詳しい。

四　消費社会における文化的紐帯——山崎正和と黒川紀章

山崎と黒川がこの問題に取り組んだのは、第一一期中央教育審議会（以下、中教審）に設置された、「地域と文化」の問題を扱う小委員会（一九七七年一二月設置）においてであった。小委員会は一四回におよぶ審議を重ね、一九七九年四月九日に報告を発表した。翌一〇日に、田園都市構想研究グループ（一九七九年一月一七日発足）の中間報告が出されたが、両報告の執筆を山崎が担ったこと、組織の設置時期を勘案すると原型は小委員会報告にあったといえる[5]。

審議では、「国民が日常生活の中で自己の向上のために行う自発的な営みを文化活動としてとらえ、それが展開される場である地域社会との関連を重視[6]」した。具体的な検討は、高度経済成長により豊かな物質的生活を営めるようになった経済人としての「新中間層《ニュー・ミドル・マス》」を前提にして進められた。新中間層は高等教育の大衆化により質的に高い、情報や文化を大量に消費する存在（「大量消費者」）であった。山崎は脱工業化社会における「個人の個別化の傾向を認めたうへで、その先に、より積極的な新しい個人主義の萌芽を探す」ことが欠かせないとして、「人間生活の「生産」の側面ではなく、かつてとかく軽視されてゐた「消費」の側面において」それを見出そうとした（山崎　一九八七：五二）。

議論の背景にあったのは、文化活動への社会的欲求が高まり続けるなかで、地域を中心にしていろいろな活動が芽生えてきているという現実だった。中教審第二五回答申は、これからの地域社会は「住民が温かい心の触れ合いを通じて、豊かな人間性を回復し、生きがいに満ちた生活を営んでいくことができる場」となり、「住民の日常自発的に営む文化活動が、相互の交流を深め連帯感を育てる面を含めて、大きな役割を果たすこと」を期待した。ただし、それは個人を縛るものであってはならない。文化活動を実践する個人は、文化を求めて動き回る存在であり、文化は個人の日常的な生活圏である地域社会を超えて成立することもある。つまり、文化は独自の活動圏を有するのみならず、それは多層的に存在する（黒川ほか　一九七九：一三〜一四）。ここに第三章で論じた「ホモ・モーベンス」という黒川の主張が見て取れる。

流動性と多様性への注目は、「地域と地方とは違う」という主張にも表れた（黒川ほか　一九七九：一五）。文化政策は、国土開発や都市計画が前提にする都市配置の問題から自由でない。都市と地方という区分は序列化を伴い、時に対立を生じさせる。だが文化に序列はなじまない。そこで、国土としての日本を構成する基礎単位を「地域」と呼び、それぞれに個性豊かな「地域」の文化を伸ばすという発想の転換を狙った。都市配置の問題は建築家の黒川らしい着眼で、「東京も一つの〝地域社会〟」と捉えた感性は、東京やその他大都市の模倣を生み出す画一性の高い工業社会の論理からの脱却と地域特有の文化の創造を求めるものだった。

山崎にとっての「地域」は新しい社交空間であり、個人は出入りを自由に行ない、複数の文化活動圏に属しうる点で新しい個人主義の確立を期するものだった。山崎によれば、工業社会においては、一方に「硬い戦闘的な生産組織」（家族や企業内集団）、他方に「茫然とした、隣人の顔の見えない大衆社会」を持ったが、中間にあるべき「個人の顔の見える人間関係が重視される社会」をほとんど知らなかったという（山崎　一九八七：一〇五）。脱工業化は本質的に身体的な行動である「消費」を基調にすることで、消費する自我を芽ばえさせ、他人を前提に振舞う「個人」を誕生させる（山崎　一九八七：二〇九）。消費する自我は「消費の場において現実の他人を必要とし、その他人による賛同を求める」ものである以上（山崎　一九八七：一七九）、対面関係を築きうるのは、現実空間としての「地域」となる。その上で、「ひとりの個人が複数の集団に多元的に帰属することになれば」、個人は生きがいや満足を複次元で相補的に得られるのみならず、地域社会にいくつもの文化的紐帯を結ぶことで、社会全体を安定させる（山崎　一九八七：一三六〜一三七）。

要するに、新しい個人主義を誕生させた消費社会は、生産至上主義的な社会が陥ったジレンマ（集団主義［集団への忠誠］か完全な無秩序［個人の尊厳］かの二者択一を強いる不自由さ）を克服しうる点で期待を持てたのである。一例が主婦たちの文化活動で、彼女たちが活動に生きがいを見出すのは、「一方ではいかに不自由で硬い人間関係に束縛され、他方ではとりとめない大衆社会の海に放置されてきた」ことの証だとした（山崎　一九八七：一〇七）。「消費の論理」は女性たちを家族主義の桎梏から解き放ち、生きがいを得ながら地域を支える人材になりうる道を示したのである。

むろん、実施は容易でなかった。脱産業化は「産業化そのものの超高度化を意味すると同時に、社会が産業時代そのものを脱却して行く過程」だったからである（山崎　一九八七：八六）。前者は、猛烈な生産の時代の延長として生産至上主義的な社会を前提に、個を規律する共同の目的を持った「硬い生産組織」への帰依を要求する。後者は、「ゆとり」そのものを生活の原理とし、充実した時間を社交の場で消費する。一九六〇年代の日本は産業化の高度化段階にあった。七〇年代には、脱産業化社会の第二の段階に足を踏み入れたものの、八〇年代以降も二つの過程は併存し、せめぎ合っていた。

個人の所属を「硬い組織」に置くか、開放性や移動性に特徴づけられる「柔らかい」「ゆとり」のある社交空間に置くか、「地方」か「地域」かという問題は、コミュニティをめぐる議論でも問われた。中教審第二五回答申ならびに田園都市構想研究グループ報告書の思想的源泉となった第三次全国総合開発計画（一九七七年一一月四日閣議決定）の国土総合開発審議会報告書「地方の時代」を作成した梅棹忠夫らの議論から確認しておこう。

梅棹は行政施策として文化に取り組む必要を早くから訴えた人物の一人で、一九七四年には、自ら理事を務める総合研究開発機構に文化開発の問題に取り組むよう指示した。一九七五年一二月二四日に行なわれた、プロジェクトに関する座談会（司会：梅棹、討論者：山崎正和、菊竹清訓(7)［建築家］、平松斉［毎日新聞記者］）では、田園都市構想研究グループ報告書と対峙する見解が示された。参加の強制やライフスタイルの画一化を自明視する「コミュニティ」論への違和感である。

山崎は、文化には大都会の持つ「多様性とルーズさ」が欠かせないが、日本で論じられる「コミュニティ」は均質化と参加の強制を求める点で問題があるとした。つまり、それは郊外に計画的に築かれた理想的な住宅地帯における、均質的な人々の暮らしの空間をさすもので、一律に提供される文化施設での行為を強制しがちだからである。そこにあるのは、ムラ的共同体的な世界であって、自由な選択は許されない。梅棹や山崎は、こうした意味での「コミュニティには文化を創り出す力はない」として、多様性の確保を求めた（総合研究開発機構　一九七六：一〇二〜一〇三）。そこで問題になるのは、文化活動の単位である。参加の容易さを念頭に置けば、近隣単位が望ましい。しかし、それは参加の強制や画一化を招きやすい。多様性の尊重には、多極集中型の圏域を敷きつつ、重層的な活動圏の創造が求められる（総合研究開発機構　一九七六：一〇六）。

こうした考えは、黒川と山崎が執筆に携わった政策研究会の田園都市構想研究グループ報告書に通底した。田園都市国家の建設は、「農業社会時代にみられたような狭い、閉鎖的な地域主義への回帰を目指すものではなく、人間の移動への欲求や高度の選択の自由と多様性を保証する、広域的な観点に立った、開かれた新しい地域主義を目指すもの」だとしているし、特定のモデル・ニュータウンづくりを目指すものではないとした。脱工業化時代に地域を支える産業の一つとされたニュー・ソフト産業には、梅棹の「妻不要論」の論拠となった家庭機能の外部化に関わるサービスも掲げられたたし、余暇時間の増大が文化的欲求を高めるとした。

ところが、同報告書第六章の「人間関係の潤いある社会づくり」には、山崎らが否定した、ふるさと意識の高揚、家庭とコミュニティとの社会的連帯、小さなコミュニティの重要性、「わがまち」意識の涵養など、人を固定化させる閉鎖的な言説が組み込まれていた。子どものためのまちづくり、「人々のやすらぎのオアシス」である家庭における「潤いとゆとりのある家庭生活の基盤」を築くために、新しい住宅政策の展開が欠かせないという主張は、郊外住宅における近代家族の再生産を目的にしたもので、違いは明らかだった。同章は家庭基盤充実研究グループと議事を共有したことから、香山と志水の関与が窺える。

このように、政策研究会報告書はリベラリズムと保守主義の主張を併記したが、制度化における優劣は定かだった。大平政権の中核ブレーンであった香山・公文・佐藤の立場は、一九七九年八月一〇日に閣議決定された「新経済社会七カ年計画」に反映されており、後続の政策を拘束すると考えられたからである。同計画には、「高度成長下の行財政を見直して、施策の重点化を図り、個人の自助努力と家庭及び社会の連帯の基礎のうえに適正な公的福祉を形成する新しい福祉社会への道を追求しなければならない」ことが言明された（七頁）。つまり、ケアの家族主義を謳ったわけだが、それには家庭基盤の充実が欠かせないことから、「田園都市国家構想の理念に照らして定住圏の整備を進めるとともに、健全な家庭や近隣社会の育成という政策視点が必要」であることを強調した（三二頁）。裏を返せば、梅棹・山崎・黒川らリベラル・モダニストが否定した路線を基調にしたのである。

ケアの家族主義の徹底は同時期に出版された自民党の研究叢書[8]『日本型福祉社会』（自由民主党一九七九）でより顕著になった。原や佐藤欣子らが重視した、家族形態や家庭内の役割分業の多様化は、「人生の安全保障システムとしての家庭を弱体化」させかねないものと否定され、女性の社会参加を戒め、「家庭長」である女性の献身に期待した（自由民主党 一九七九：一九四〜一九五）。むろん、強制はできないことから政策誘導を検討し、[9]中曽根康弘政権の下で実施された。住宅取得控除の拡充、住宅取得促進税制の確立、第3号被保険制度と配偶者特別控除の創設などの施策は、都市新中間層の支持拡大を狙ったものだが、専業主婦優遇策は標準家族世帯を安定させた。のみならず、保育所新設の抑制、保育料および児童手当の見直しといった負の誘因も与えた。家族の養育責任を強調する施策が、男女雇用機会均等法制定の前後に採られたことから、政権中枢はコスト削減以上に専業主婦の固定化を重視したことがわかる。

総じてみれば、大平首相の政策研究会は、リベラリズム、リベラル・モダニズム、保守主義を含む幅広い人材を配置したことで、多様な意見を反映し、複数の政策選択肢を提供する一方で、制度化の段階では保守主義の立場を優先させたといえる。この傾向は、山崎らリベラル・モダニストが中曽根政権と距離を置き、香山らは政権中枢に関与し続けたことで一層顕著になった（御厨ほか 二〇一七：二三二、三〇六）。だがそのことは、家庭という閉鎖的な空間で無償のケア労働に従事する女性たちの不安を公的な支援を通じて解消したり、社会参加を通じた文化的紐帯を得たりする機会を奪い、女性たちの生き難さを再び私的な問題に転じさせたのである。

家庭の責任を男女が共に担い、雇用分野における男女の均等な機会と待遇の確保を図った上で多様な就業形態に見合った条件を整備し、育児や介護等のケアと職業を両立させる条件を整備するといった、原、深谷、佐藤欣子らが求めた施策は政府・与党自民党内で軽視されたものの、外圧をテコに検討が続けられた。一九八五年の女子差別撤廃条約の批准を受けて作成された「西暦二〇〇〇年に向けての新国内行動計画」が八七年五月に示されて以降は、男女共同参画社会の形成が議題設定された。冒頭に述べた橋本首相の改革や「二一世紀日本の構想」懇談会報告書は、それを踏まえたもので、リベラリズムが求める、多様な個人を前提にした「やわらかい家族」像が、保守主義の「硬い家族」像と拮抗しながら、政策形成の場で影響力を持つようになったのである。

(5) 山崎の回想によると小委員会の答申は山崎や黒川らが執筆したという(御厨ほか 二〇一七:三二三)。
(6) 中教審第二五回答申「地域社会と文化について」一九七九年六月八日。
(7) 菊竹は黒川紀章らとともにメタボリズムに従事した人物である。
(8) 研究叢書は高坂正堯、香山健一、佐藤誠三郎、公文俊平と社会工学研究所のメンバーの共同執筆といわれるが(上西 一九八五:一〇九)、『日本型福祉社会』は香山らの影響が直截に表れている。
(9) 自民党政務調査会家庭基盤の充実に関する特別委員会「家庭基盤の充実に関する対策要綱」一九七九年六月一五日付。

五 戦後知識人たちの家族像

親密で硬い家族像は工業社会に適合的であっても、脱工業化とグローバル化が進んだ社会においては、機能の範囲を著しく狭め、それを強要すれば、家族からの逃走が始まりうることを第一節に述べた。では、山崎らの描いた、個人を単位とするやわらかい家族像は代替モデルとなりうるだろうか。結論から述べれば、それも難しいと思われる。リベラル・モダニストが仮定するのは、「強い、安定した、自由な個人」で、新旧の社会的リスクの管理も可能だとする前提が無意識に置かれているからである。

議論を深めるために、知識人の思想配置を整理しよう。類型化にあたり、分配をめぐる政治対立軸（「資本主義―社会主義」軸）と社会文化的価値軸（「リバタリアン―権威主義」軸）から二次元の政党間競争モデルを提示したキッチェルトのモデルを援用する（Kitschelt 1994）。キッチェルトの注目した社会文化的価値とは、脱物質主義的価値への姿勢を測る軸で、善き社会を実現するための共同性や相互扶助をどのように実現するかで整理される。つまり、自由と平等を重んじ自立性（自己組織化）を尊ぶ「リバタリアン」と、社会秩序における自由と平等を重んじない「権威主義」を対置する（Kitschelt 1994 : 12）。この軸は個人と集団としての家族のあり方を理解する上で有用といえる。しかし、リバタリアンと権威主義という概念は本章のこれまでの議論と合致しづらいので、直感的な理解を促すために、二軸を「市場―国家」と「リベラル―保守」に代替させる（田中　二〇二〇）。

政党の政治的競争空間モデルに知識人を当てはめる妥当性が問われそうだが、五五年体制下の自民党は特定政党の連立を恒常化させたものだという待鳥の仮定に従えば（待鳥　二〇一二）、党内には異なる価値が併存したことになり、それを政権に関与した知識人が代弁したと考えられる。

【図5−1】言説空間と家族像

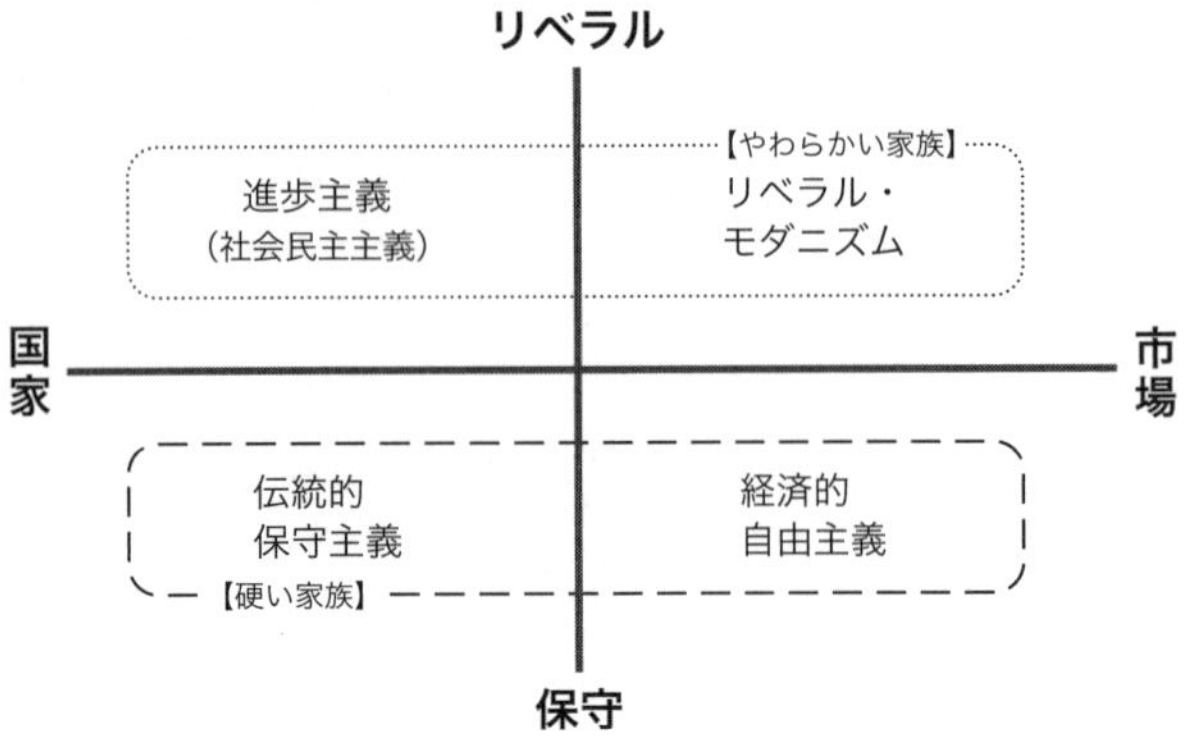

【図5−2】言説空間における知識人の配置

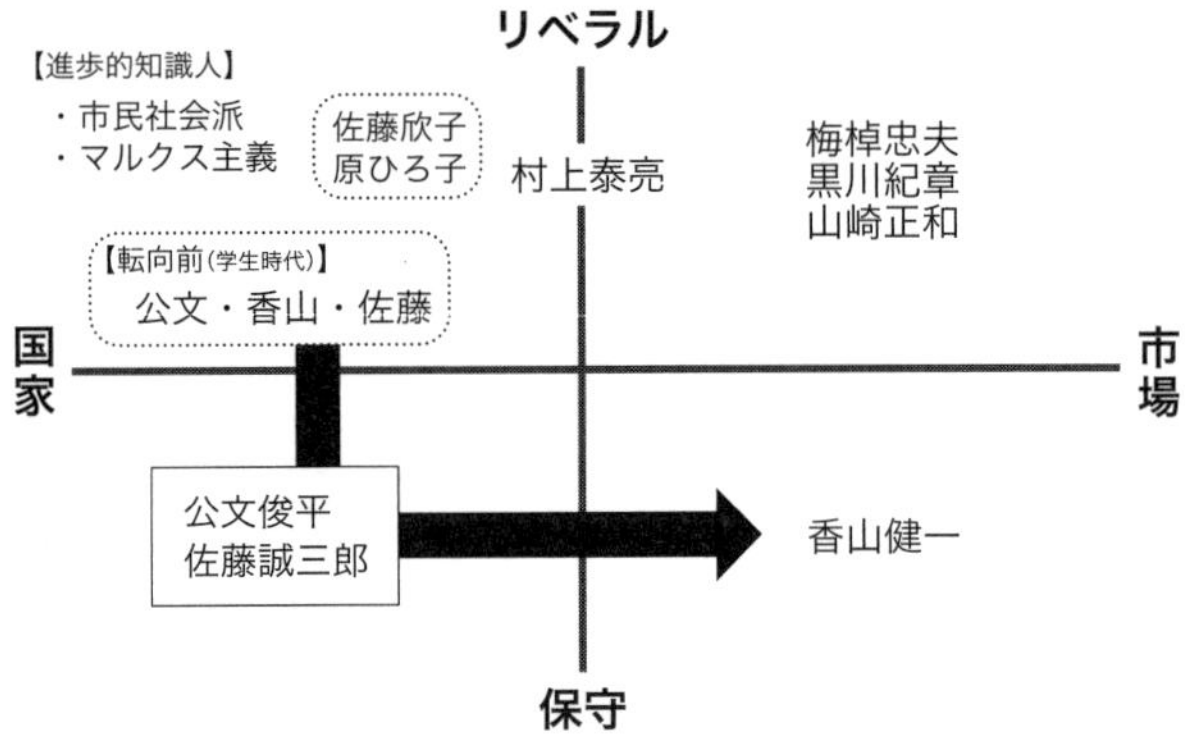

注目したいのは、与党・自民党にとっての知識人の役割である。自民党は派閥横断的に内閣に関与する知識人を相当数抱えたことで、内閣が短命に終わっても政策理念の継続が図られた。のみならず、自民党は立場の異なる知識人を抱え込むことで、有権者の支持を見ながら政策空間の配置を選択できるという利点を得た。知識人を媒介にした政策選択の適切さは、党としての支持率を下げてもシステムとしての支持を維持したという仮説を成り立たせる（田中 一九九六：三一～六六）。検討は別の機会に譲るとして、戦後日本における政治理念をめぐる言説空間を2×2のマトリックスとして示し（図5-1）、そこに知識人を配置することで（図5-2）家族とケアの問題を改めて検討しよう。

第二象限の「進歩主義（progressivism）」には、本章で直接扱わなかった丸山眞男、大塚久雄、川島武宜ら市民社会派やマルクス主義の影響を受けた清水幾太郎、松下圭一ら戦後啓蒙主義的、進歩的知識人が位置する。学生時代の香山、佐藤、公文らもここに位置するが、転向により第三象限の「伝統的保守主義」に転じ、香山は第四象限の「経済的自由主義」に接近した[10]。経済的自由主義を第四象限とすることに違和感を覚えるかもしれない。ここでは、アクターの思想配置を決める第一軸を「国家―市場」に置き、その上で、それらがどのようにあるべきかを「リベラル―保守」で区分している。したがって、第四象限は市場の自由を保障するために、伝統的権威を活用する立場となる。

一方、リベラル・モダニズムは第一象限に位置する。個人の自由を尊重する立場は、集団への加入も離脱も自由とするし、個人間は平等で、性別役割分業も家族のあり方も強制しない。脱産業社会を消費の論理から理解する立場は「市場」への信頼を高めるが、市場は財の限りでのリスク管理を行なう。市場でサービスを調達しがたい人々は家族のケアに頼らざるをえなくなるが、ケアの家族主義は相互性を前提とするため、自らが家族のケアを担う立場に転ずることもある。経済状況の悪化は家族がリスクに転じることを意味することから、「リスク回避的な個人化」が生じ、少子化が加速する(張 二〇一三)。

それを回避するには、国家が柔軟に対処する必要があるが、政権中枢に関与する知識人は第二象限におらず、議題設定がなされずにいる。そこにあるのは、ケアの家族主義を期待する伝統的保守主義と経済的自由主義、もしくは、ケアの市場化を期待するリベラル・モダニズムと経済的自由主義で、やわらかい家族と硬い家族の別を問わず、社会的リスクの管理を自己責任で行なうことが期待される。

総じてみれば、戦後保守政治の言説空間においては、ケア問題は政治から外部化され、私事化されたといえる。ただし、リベラル・モダニズムへの親和性を示しながらも、国家の役割や地域社会の役割を認め、それを組み入れることでケアの家族主義を緩和し、個人の自由を保障しようとする試みは存在した。佐藤欣子や原ひろ子らはバランスのとれたケア・ダイアモンドの構築を試みたし、村上泰亮は個人主義に立脚した新たな相互扶助関係を求めた。かれらは、参入も退出も自由なやわらかい中間的集団と政府の適切な役割を強調する点で共通した。それはリベラル・

モダニストとも保守主義者とも異なった。梅棹や山崎らリベラル・モダニストは社交の場としての地域に期待したものの、相互扶助の場となる共同体（コミュニティ）を嫌った。香山ら保守主義者は近隣という言説を用いたが、具体的な言及を欠いた。理由は定かでないが、反革新の立場から市民社会派的な住民運動を嫌ったことが影響したように思われる。

戦後保守政治を支えたリベラル・モダニズムのなかに芽生えた、個人の多様な生き方を保障する社会の新しいあり方の模索は、キッチェルトが示した「左派リバタリアン」の志向と類似する。第二象限に位置する思想の萌芽、それは戦後啓蒙思想の進歩主義ではなく、改良型の社会民主主義に近いものであったといえよう。少子化対策が急がれる今日、制度化されなかったアイディアから学ぶものは多いかもしれない。保守政治における空白の象限が、現代的な社会的リスク管理と家族政策の鍵となろう。

(10) 香山の思想的配置については、大嶽（二〇〇七）を参照した。

参照文献

※本章で言及した香山健一の著作

香山健一（一九六七）『未来学入門』潮新書。
――（一九六八）「情報社会論序説」『別冊中央公論　経営問題』七巻四号。

――（一九七八）『英国病の教訓』ＰＨＰ研究所。

――（一九九二）『歴史が転換する時――二十世紀が語りかけるもの』ＰＨＰ研究所。

香山健一ほか（一九七八）『二一世紀への提言』ＰＨＰ研究所。

※香山健一以外の著作

岩男寿美子・原ひろ子（一九七九）『女性学ことはじめ』講談社現代新書。

宇野重規（二〇一四）「鈍牛・哲人宰相と知識人たち――大平総理の政策研究会をめぐって」『アステイオン』八一号。

――（二〇一九）「日本における成熟社会論の知的起源」『年報政治学』七〇巻二号。

梅棹忠夫（一九六三）「情報産業論」『中央公論』七八巻三号。

――（一九六七）「未来学の構想」梅棹忠夫ほか（監修）『未来学の提唱』日本生産性本部。

――（二〇二〇）『女と文明』中央公論新社。

大嶽秀夫（二〇〇七）『新左翼の遺産――ニューレフトからポストモダンへ』東京大学出版会。

落合恵美子（二〇一九）『二一世紀家族へ――家族の戦後体制の見かた・超えかた〔第四版〕』有斐閣。

――（二〇二三）『親密圏と公共圏の社会学――ケアの二〇世紀体制を超えて』有斐閣。

上西朗夫（一九八五）『ブレーン政治――内閣機能の強化』講談社現代新書。

グループ１９８４年（一九七六）『日本の自殺』ＰＨＰ研究所。

黒川紀章・山崎正和・鈴木勲（一九七九）「地域社会と文化活動」『文部時報』一二二五号。

佐藤欣子（一九八六）『女は風のなかで』中央公論社。

志垣民郎（二〇一九）『内閣調査室秘録――戦後思想を動かした男』文春新書。

自由民主党（一九七九）『日本型福祉社会（自由民主党研究叢書８）』自由民主党広報委員会出版局。

――（一九八〇）『大平総理の政策研究会報告書』自由民主党広報委員会出版局。

総合研究開発機構（編）（一九七六）『地域社会における文化行政システム――シンポジウム　座談会・論文』総合研究開発機構。

田中愛治（一九九六）「国民意識における「五五年体制」の変容と崩壊――政党編成崩壊とシステム・サポートの継続と変化」『年報政治学』四七巻。

田中拓道（二〇二〇）『リベラルとは何か――一七世紀の自由主義から現代日本まで』中央公論新社。

張　慶燮（二〇一三）「個人主義なき個人化――「圧縮された近代」と東アジアの曖昧な家族危機」落合恵美子（編）『親密圏と公共圏の再編成――アジア近代からの問い』京都大学学術出版会。

徳久恭子（二〇二三）「家庭教育における性別役割分業――変質する家族像を手がかりに」『立命館法学』四〇四号。

中北浩爾（二〇一四）『自民党政治の変容』NHKブックス。

原ひろ子（一九八三）「人類社会において家族は普遍か」原ひろ子（編）『現代のエスプリ別冊　家族とは、家庭とは3――諸文化と家族』至文堂。

ベティ・フリーダン（三浦冨美子訳）（二〇〇四）『新しい女性の創造〔改訂版〕』大和書房。

待鳥聡史（二〇一二）『首相政治の制度分析――現代日本政治の権力基盤形成』千倉書房。

三浦　展（一九九九）『「家族」と「幸福」の戦後史――郊外の夢と現実』講談社現代新書。

御厨貴・阿川尚之・苅部直・牧原出（編）（二〇一七）『舞台をまわす、舞台がまわる――山崎正和オーラルヒストリー』中央公論新社。

村上泰亮（一九七五）『産業社会の病理』中公叢書。

村上泰亮・公文俊平・佐藤誠三郎（一九七九）『文明としてのイエ社会』中央公論社。

村上泰亮・永井陽之助（一九七五）「成熟社会への生涯設計」『中央公論』九〇巻一一号。

村上泰亮・蠟山昌一ほか（一九七五）『生涯設計計画——日本型福祉社会のビジョン』日本経済新聞社。

山崎正和（一九八七）『柔らかい個人主義の誕生——消費社会の美学』中公文庫。

山田昌弘（二〇〇五）『迷走する家族——戦後家族モデルの形成と解体』有斐閣。

Herbert Kitschelt (1994), *The Transformation of European Social Democracy* (Cambridge University Press).

第六章　早すぎた教育改革

――体制内改革は可能か？

青木　栄一

一　臨教審の「挫折」
二　体制改革と同時進行する学制改革
三　香山の改革思想と時代認識
四　香山の教育問題へのスタンス
五　香山と「四六答申」
六　香山と臨教審
七　体制内改革から事実上の体制改革へ

文部省を文化・スポーツ省に改組し、科学技術庁と統合するとともに、許認可官庁から政策官庁に体質転換するよう努力する。

一　臨教審の「挫折」

臨教審（一九八四年八月〜八七年八月）委員の任期が切れる少し前の一九八七年三月、主要な委員の一人であった香山健一は『自由のための教育改革』を出版した。そこには臨教審答申が実現するための一二の提案が記されており、一〇番目には冒頭に掲げたように文部省の機構改革が提言されていた（香山　一九八七：三二）。

臨教審はその正式名称を臨時教育審議会といい、中曽根康弘首相が主導して総理府に設置した首相直轄の教育改革をリードする官邸会議体のさきがけである。しかも、臨教審は設置法に基づいて設置され、その委員は国会の同意を経て任命されており、この点が、その後設置された首相の私的諮問機関である教育改革国民会議（小渕・森内閣）、教育再生会議（第一次安倍内閣）、教育再生懇談会（福田内閣）、教育再生実行会議（第二次安倍内閣）、教育未来創造会議（岸田内閣）とは一線を画す。香山は「教育の自由化」論者として臨教審第一部会の部会長代理となり、議論を主導した。

周知のように、二〇〇一年に文部省は科学技術庁と統合され文部科学省（文科省）が設置された。その文科省には文化庁と二〇一五年に設置されたスポーツ庁が外局として置かれている。香山は三〇年以上前に、名称はともあれ、外形的には文科省の二〇二四年現在の姿をほぼ正確に予言していたことになる。香山は『未来学入門』（香山　一九六七）を執筆したほか、高度経済成長を達成したあとの日本に警鐘を鳴らした『日本の自殺』（グループ1984年　一九七六）の中心的筆者と目された社会工学者であった（香山　一九九二b：一七二）。文科省に関する「予言」的中は香山の面目躍如といったところであろう。

ただし、香山の予言では教育（文部）の名称が外れているのに対して、実際の歴史では文部省の名称は二〇〇一年まで続き、科学技術庁との統合を経てもなお「文部」の名称は残存した。これが示すように、文科省は依然として教育分野を極めて強く統制している。たとえば、義務教育費国庫負担法は公立小中学校の教員給与を国が負担する制度であり、二〇〇〇年代の廃止論議を経て残存している。高等教育をみても、国立大学が二〇〇四年に法人化されたとはいえ、国立大学運営費交付金を通じた文科省による統制は続いているし、その運営費交付金の削減を通じて特に中小の国立大学の文科省依存は強まっている。つまり、香山の「予言」は、組織の形としてはほぼ的中したものの、旧文部省が担ってきた教育行政領域の役割分担については、的中しなかったともいえる。すなわち、組織の中身、機能面では、香山の期待は外れてしまった。香山は教育行政領域については、規制改革（当時は規制緩和と呼んだ）、地方分権、民間セクターへの移譲を通じて旧文部省の仕事はかなりの程度他の主体に任せられることを期待していた。中央政府の教育担当機構についての香山の「予言」が半分は当たり、半分は外れたその背景を探るのが、本章のねらいである。

ところで、近代日本の教育改革を振り返ると、明治維新期の学制改革（明治の学制改革）を第一の教育改革と呼び、占領改革期の学制改革（新制学制改革）を第二の教育改革と呼ぶことが多い。そして、第三の教育改革を標榜したのが、一九七一（昭和四六）年にいわゆる「四六（ヨンロク）答申」を提出した中央教育審議会（中教審）であった（教育社　一九七九：二五）。しかし、結果的にこの答申は省内で棚上げされてしまった（石山　一九八六：一六四）。香山はこの四六答申に水面下で協力していた（大嶽　一九九四：一七三）ことから、香山は四六答申の挫折をふまえて臨教審に臨むことになる。

のちにみるように、臨教審答申も四六答申同様、直ちに実行されたものはあまり多くなかったため、「失敗」と見なされた（ショッパ　二〇〇五）。もちろん、大学入試の規制改革、六年制中等教育学校、単位制高等学校など中長期的にみれば答申が実現したものもあるが、時間が経てば答申以外の要素が働くため、一概に臨教審が成功したとは言い切れない。

三〇年先の文部省の姿を半ば見通すことができた香山は、「失敗」と評価される答申にどのようにコミットしたのだろうか。香山は国立大学の法人化、分割民営化、私学化の促進すら提言した。さらに塾の合法化（ここでは学校の設置者として認めることを想定していたと思われる）をも提言した。もちろん、香山と対立した反自由化論者や、事務局を務めた文部省、保守的な志向を持つ自民党文教族、反自由化の点では文部省と軌を一にする日教組（日本教職員組合）などからの頑強な抵抗も一つの要素だったのは確かである。そうした政治学的な解釈をするのも魅力的な作業課題ではある。ただ、本章では先に述べたような未来を見通そうとしたという点で、非常に興味深い存在である香山の思想を読み解くことで臨教審の「失敗」の原因を探ろうとする。

あらかじめ結論を述べるならば、本書のモチーフであるリベラル・モダニズムが体制内改革とほぼ重なる概念だとすると、香山が展望した学制改革としての教育改革はそもそも体制改革と同時に行なわれなければまずもって不可能であり、そこに「失敗」の原因が潜んでいたといえる。第一の教育改革である明治維新と学制改革、第二の教育改革である占領改革と戦後教育改革の次に、第三の教育改革（香山 一九八七：二三〇）を体制内改革で早急に行なおうとしたことは、戦略の誤りであったのである。

もちろん、香山の目には高度経済成長や少子化など体制改革をも超えた日本社会の変化が映っていたのだろう。しかしそれでもなお、その社会の変化に応じた体制改革がなければ学制改革レベルの教育改革は困難であった。

これに対して、現在は香山の予測を超えて日本社会や政治体制が大きく変化している。待鳥の言うように、平成の統治機構改革は事実上の体制転換の意味合いを持っている（待鳥 二〇二〇）。さらに、少子高齢化は急速に悪化しており、香山が描いたような余暇を長期間健康に、そして経

【表6－1】臨教審の答申

1985年6月 第一次答申 (1) 学歴社会の弊害の是正、(2) 大学入学者選抜制度の改革、(3) 大学入学資格の自由化・弾力化、(4) 六年制中等学校の設置、(5) 単位制高等学校の設置
1986年4月 第二次答申 (1) 生涯学習体系への移行 (2) 初等中等教育の改革（徳育の充実、基礎・基本の徹底、学習指導要領の大綱化、初任者研修制度の導入、教員免許制度の弾力化）、(3) 高等教育の改革（大学教育の充実と個性化のための大学設置基準の大綱化・簡素化等、高等教育機関の多様化と連携、大学院の飛躍的充実と改革、ユニバーシティ・カウンシルの創設）、(4) 教育行財政の改革（国の基準・認可制度の見直し、教育長の任期制・専任制の導入など教育委員会の活性化）
1987年4月 第三次答申 生涯学習体系への移行のための基盤整備、教科書制度の改革、高校入試の改善、高等教育機関の組織・運営の改革、スポーツと教育、教育費・教育財政の在り方
1987年8月 第四次（最終）答申 文部省の機構改革（生涯学習を担当する局の設置。のちの生涯学習局）、秋期入学制 改革を進める3つの視点（個性重視、生涯学習体系への移行、変化（国際化と情報化）への対応）

済的に安寧に過ごせる高齢者はほとんどみられず、介護が社会全体にとって重くのしかかる。こうした社会と政治の変化は、事実上の体制転換ともいえ、ことによると香山が提言した第三の学制改革をもたらすのかもしれない。

香山が参画した臨教審は、一九八四年九月からスタートした。諮問は「我が国における社会の変化及び文化の発展に対応する教育の実現を期して各般にわたる施策に関し必要な改革を図るための基本的方策について」という包括的なものだった（文部省一九九二）。臨教審の答申は四次にわたり出された（表6－1参照）。

いずれも二〇二〇年代の今日からすればさほど驚くべき提言ではないが、当時大きな議論を喚起し、香山は改革推進の急先鋒として注目された。答申の全てがただちに実現したわけではないため臨教審を失敗と見なす論調が有力であるが、右の提言のなかには長い時間を経て徐々に実現していったものも多い。たとえば、教育長の任期制・専任制という第二次答申のなかの提言は、二〇一五年から首長が三年任期の専任教育長を直接任命するという形で実に約三〇年後に実現されたものもある。このように、平時における教育改革案はただちに実行されるような過去二回の新旧学制改革（明治維新期と占領改革期）とは異なるものである。

香山は「明治維新直後とか敗戦直後という時代に行なわれた第一、第二の教育改革とは異なり、今次教育改革はこうした激動のない平時における改革である」「平時の改革である以上、せめて議論ぐらいは侃々諤々、思う存分に自由闊達に行い、国民の英知を結集した二十一世紀のための、われわれの子供や孫たちの時代のための改革に誤りなきを期したいものである」（香山　一九八七：一二〇）と述べているが、これは平時の改革の困難さを自覚していたがゆえに吐露された、正直な気持ちであろう。

二　体制改革と同時進行する学制改革

明治維新のごく初期に学制改革が始まった。比喩的にいえば、寺子屋から近代学校への大転換が行なわれた。私的な学習の場であった寺子屋は国家の機関としての学校へと転換した。もちろん、その大転換に際して完全な断絶があったわけではない。寺子屋で教えていた師匠は一定の審査を経て学校の教員として採用されたし、一部の寺子屋はそのまま小学校に移行した。このように近世の教育機関と近代学校システムの間には一定の連続性があった。

ただ、小学校、中学校、高等学校、大学という学校体系が構築され、中学校以上の学校は限られたエリートが進学する学校であり、その他の子どもは成年学校、実業学校が受け皿となった。こうした学校体系は複線型と呼ばれ、戦後非民主的なものと批判され改革の対象となった。また女子教育は男子教育と区別された。そのため、東北帝国大学が女子学生を正規学生として入学させたことは大きな出来事として世間を騒がせた。このような学校制度は明らかに戦後の新制の学制とは異なる。

第二次世界大戦・太平洋戦争の敗戦後の占領改革においては、新制中学が義務教育となるなど大きな転換がなされ、教育システムは新制の学制へと移行した(1)。新制中学校の校舎建設をめぐっては、戦後の財政危機を受け建設事業が頓挫することもあり、それを苦にした首長が自殺するといった悲劇も各地でみられた。それほどまでに戦後の教育改革は大きな変化を日本社会にもたらした。

軍国主義教育に協力した教員の適格性を審査する仕組み(教員適格審査)が導入され、八%の教員が教壇から排除された。教科書の軍国主義教育に関わる部分は墨塗りされるか切り取られた。

このように学校体系全体も大きく変化したが、同時に教員や教育内容も変容した。

とはいえ、明治の学制改革と同様に、戦前の旧制の学制との一定の連続性はあった。たとえば、小学校教員についてみると教員適格審査（軍国主義者や国家主義者を追放するためのもの）の対象外の教員は引き続き教壇に立った。

これに対して、四六答申、臨教審、そして二一世紀を間近に控えた時期に設置された教育改革国民会議においても第三の学制改革（教育改革）が標榜された。しかし、これら近代日本の歴史において明らかに学制改革として見なせるのは明治の学制改革と戦後の学制改革の二回である。それぞれの時期には、体制改革と学制改革が不即不離の関係で進められ学制改革が実現した。明治の学制改革は明治維新や大日本帝国憲法との密接な関係があるというよりは、むしろその一部である。同様に戦後の学制改革も占領改革や日本国憲法との深い関係がある。教育基本法は日本国憲法の教育部分の補完的存在だと見なされた。このように体制改革期に学制改革は行なわれてきたのである。

四六答申も臨教審も戦後体制を前提とした体制内改革の一環として提案された。四六答申は文部省・中教審という文字通り体制内の機関によって議論された。他方、たとえ臨教審が「戦後政治の総決算」を掲げた中曽根によって設置され、第二臨調路線の延長線上で展開され、国会同意人事という異例な設置形態を採ったとはいえ、それもまた体制内の改革であった。中曽根はのちに教育基本法改正が実現しなかったことを悔いたというが、この時点では日本国憲法と教育基本法の不即不離の位置づけは相当に強固なものだった。

このように体制内改革としての教育改革では大きな変革は到底望めない。体制改革期の学制改革（教育改革）には二つほどの特徴がある。一つ目は体制改革の手段として学制改革が位置づけられる。たとえば、明治維新では近代国家の担い手を育成するために近代公教育システムがつくられたことである。戦後改革でも民主主義国家の建設のために新たな学制改革が行なわれた。つまり、体制改革と学制改革は相互に影響を与える関係にあった。二つ目は教員の実態としての総入れ替えである。明治の学制改革では近代学校システムに適合的な師範学校卒業者が教員として雇用されるようになった（閉鎖性教員養成システム）。戦後の新制学校システムのもとでは新たに開放制教員養成システムのもとで教員が養成されるようになった。このように、新旧学制改革は教員の陣容を大幅に変えることを主眼とした。

つまり、第三の教育改革として自己規定した四六答申、臨教審、そして教育改革国民会議いずれも体制改革の手段として位置づけられることはなかったし、教員の総入れ替えも想定されていなかった。体制内改革であるにもかかわらず、体制改革と親和性の高い学制改革を志向すること自体が不可能なミッションであった。事実、法律ではあるものの立場によっては日本国憲法の付随物と位置づけられた教育基本法が改正されるのは、二〇〇六年に成立した第一次安倍内閣のもとであった。

香山が一九七〇年代から八〇年代の教育を評価する際に重視したのが人口動態であった。

一九七三年生まれをピークとする第二次ベビーブーム世代が小学校に入学し始めたのが一九八〇年代だった。この時期、田舎町でも校舎が増築されたほどであった。その後、一九九〇年前後に高校入学者が増加し、高校の新増設が各地で政策課題となった。

(1) 占領下における教育改革については徳久(二〇〇八)に詳しい。徳久は教育政策に対する四つの基本態度を、〈国家—社会〉と〈近代—伝統〉の二軸から示し、それぞれ、「伝統的保守主義」「社会主義」「自由主義的民主主義」「伝統的自由主義」と名付けた(徳久 二〇〇八:一六二)。香山の教育に対するスタンスはこの四象限のどこに位置づけられるだろうか。香山は西欧近代を相対化していた点で「伝統」に寄っていた(香山 一九九二a:一七九)。さらに、自らの経験(満洲国からの引き上げと共産主義国家への幻滅)(香山 一九九二a:一四〜一八、一一一)をふまえて「国家」に対しては拒否感までは持たないにせよ強い不信感を抱いていたこと、そしてこの四象限を形作る軸とは別の軸であるが経済的自由主義への信頼もあったことから、「伝統的保守主義」と「伝統的自由主義」をまたぐ場所に位置づけられるだろう。この香山の思考の両義性(あるいは変遷)については、徳久による本書第五章のほか、本章第四節注(2)と第六節注(6)も参照のこと。

三　香山の改革思想と時代認識

香山が教育改革を構想した時期、すでに生まれていた第二次ベビーブーマーが教育政策に大きなインパクトを及ぼすことは当然予測されていた。

香山はこの第二次ベビーブーマーが学校教育に押し寄せる時期までを量的拡大期と見なし、日本経済の画一的な大量生産と軌を一にしていたと認識した。すなわち、日本社会全体が人口規模の拡大を背景に経済力の増強に専心しており、教育システムもまた画一的な教育サービスを提供していたという認識である。香山はそうした教育システムのもとで育成される人材もまた画一的・均質的だという問題意識を持っていた。個性のない、しかし指示に従う人材は、大量生産モデルの経済社会には適合的である。しかし、小ロットで高品質の、しかも独創的な商品やサービスを生み出す力はない。

教育サービスのサプライサイドを代表するのが文部省と日教組であった。香山は両者ともに異なる動因ではありながら、結果的に教育の画一性をもたらしたと批判した。文部省は学習指導要領や検定教科書を手段にして教育内容ばかりか教育方法をも画一化しようとしたように香山には思われた。確かにベビーブーマー世代が押し寄せる狭い教室でたった一人の教員が限られた時間で教えるには適合的な方法だった。教育内容も教育方法も画一化すれば高度な知識能力を持つ教員すら必要がない。児童生徒数が急増する時代にはこうした効率的教育システムが不可欠だった。効率性（能率）を重視する点で文部省は近代主義に依拠していたといえる。

他方、日教組もまた結果としての画一的教育に堕していったと香山は批判した。日教組は日頃教育の自由を主張してはいたものの、その実、教員の自由でしかなかった。そしてその教員とは日教組組合員であり、政治的には反自民党、反文部省であり、その意味で政治的スタンスやそれを児童生徒に教える局面での自由はなかったと香山の目には映った。日教組は文部省が繰り出していった学校運営の「正常化」方針に徹底抗戦した。それは教員の自由を抑圧するものとして日教組の闘争の対象となった。たとえば、教頭の法制化、主任（教務主任など校長・教頭に次ぐポジションで、管理職ではないが中間管理職的性質も持つ）の手当支給への反対運動である。元来日本の学校は校長だけが管理職であり、その他の教員全員がフラットな関係にある「鍋蓋組織」といわれていた。このような形態の組織が学級王国を現出させ、組織としての運営に困難をもたらしていると文部省は見なした。そこで案出されたのが管理機能の強化であり、先に見た教頭職の法制化、主任の制度化であった。日教組の抵抗運動はたとえば主任制手当の拠出闘争という形で長らく続けられた。そのように集まった資金は県庁所在地の一等地の「教育会館」の建設費用や奨学金創設などに充てられた。このように日教組は民主性を自らの立場で重視する点で少なくとも近代主義に依拠していたとはいえる。

文部省も日教組もそれぞれ近代の原理を基軸として行動していた点では共通している。しかし、両者が異なるのは近代の二大原理である民主性と効率性のうち、どちらか一方に偏っていた点である。文部省が依拠したのは効率性であり、先述した通り、これは児童生徒数が急増する量的拡大期に教育に対する投資が必ずしも十分ではなかったことに対する合理的対応であった。これに対して、日教組が依拠したのが民主性であった。ただし、日教組的民主性観はやはりサプライサイドである教員の自由を重視するものであった。そこにはディマンドサイドである児童生徒や保護者を尊重する契機はなかった。同時に教員の自由には文部省の政策からの自由も含まれていた。教員は文部省からも児童生徒・保護者からも自由に振る舞うことが望まれ、それが民主的学校運営の基盤となった。しかし、それは反文部省的なものであり、悪平等主義教育であると香山は考えた。

教育学では、一九七〇年代までの文部省と日教組の対立を「国家の教育権」と「国民の教育権」の対立という「教育権論争」として認識していた。日教組は国民に負託を受けた教員が教育内容を自由に決定できるような教育体制を思い描いた。それは具体的には、教員が使用する教科書を自由に選択できることが望ましいという提案につながった。しかし、香山が批判するのが、そうした教員の自由は日教組という縛りのなかで結局は反文部省、反自民党イデオロギーのもと、画一的な教育を提供する点であった（堀尾　一九九三）。

香山はこうした教育サービスのサプライサイドの二大主体の画一性志向に対して批判したが、その立場は「社会的自由主義」と「経済的自由主義」がミックスされている（大嶽　一九九四：一六八）。香山が批判する画一化は、文部省や日教組という教育サービスの提供主体の問題として捉えられる。画一的状況は、現代では「同調圧力」と似ているが、「同調圧力」は当事者同士の力学によると捉えられる点で香山とは異なる。香山はあくまでサプライサイドの問題として問題設定をした。この多様性を実現しようとする香山の主張は、大嶽の言う「社会的自由主義」の表明でもある。

他方、その実現手段としては、サプライサイドの市場化（学校選択など）とディマンドサイドの選択の自由の組み合わせという「経済的自由主義」が提起された（大嶽　一九九四：一六七）。

香山の教育の自由化論はサプライサイドとディマンドサイド両方に及ぶ。まず、サプライサイドの自由化については、大量生産方式の画一的な教育のあり方を批判し、小ロット生産的な個性に応じた教育を求めた。香山の発想にはどこかこうした人材育成と製品生産との同一視がうかがえる。さらに、公立学校に偏った教育サービスの提供主体についても私立学校に期待を寄せ、提供主体間の自由競争を通じたサービスの質の向上を見通した。

他方、ディマンドサイドの自由化については、選択の自由を主張した。教育サービスの提供主体同士の自由競争に対応して、サービスの受け手が自由に選択する教育のマーケットを想定した。その意味で、選択の自由を行使できる「強い個人」という経済学の前提を香山も持っていた。

香山の教育自由化論が背景としたのは、一九八〇年代を迎えた日本社会の変化であった。

第一に、第二次ベビーブームが収束するのが明らかとなったからである。たとえ第二次ベビーブーマーが就学年齢を迎えて小学校や中学校で学級が急増し、新設校が増えるといっても、その後の世代の人口が第二次ベビーブーマーよりも少ないことは一九八〇年に差し掛かった頃、すなわち第二次ベビーブーマーが小学校に入学する頃には明らかとなった。

第二に、人口増加に先立ち、一九七三年の石油ショック以降、経済成長も低成長期に差し掛かっており、産業構造の転換が喫緊の課題となっていた。大量生産による安価な輸出品では、たとえ高品質とはいえ、消費者の多様なニーズに応えられない。

香山の時代認識は現代からみればかなり楽観的である。ここではその是非を問うのではなく、そうした時代認識が香山の教育改革論にどう影響したかを検討する。『未来学入門』で香山は科学技術の発達と工業化が人類に物質的、精神的に余力をもたらすという前提に立ち、五つの領域にその余力を振り向けようとする（香山　一九六七：一六八）。すなわち、余暇、社会的資質（インフラなど）、研究・教育、貧困対策、発展途上国（香山は後進国と表現）援助である。

確かに、スマートフォン、ロボット掃除機、生成AI、自動運転技術の登場は人類に物質的、精神的な余力をもたらすようになったし、これからもなることが期待されている。しかし、たとえば、スマートフォンの普及は同時にSNS依存や誹謗中傷をうみだしてもいる。必ずしも科学技術の発達と工業化は直線的に人類や社会に幸福をもたらすわけではない。

香山が描いた未来においても余暇の増大によって、大衆がスピード、セックス、ギャンブル、犯罪、暴力、アルコール、麻薬に走る可能性を危惧した。そこで、余暇のための教育を必要とし、それが成功すれば、「新しい型の人間は、科学、芸術、宗教などの世界のなかに、より深く、より広い発見と創造のよろこびと満足を、みいだすことになるにちがいないのである」（香山　一九六七：一七九）と期待した。

香山が示した五つの領域のうち、三番目の研究・教育について、香山は次のように述べる。「個人的消費の一部が無意味な浪費にむけられている一方で、研究、教育のための設備や条件は、いちじるしくたちおくれている」「科学技術の発達の結果、「考える機械」はしだいに人間の労働に代替しつつある。肉体労働ばかりではなく、事務労働もまた機械化されていく……」「こうした新しい条件のもとで必要とされるのは、高水準の人間的能力、つまり機械にはできない高い判断力と創造性をもった人間的能力である」（香山　一九六七：一七二）。

これらの記述から、香山が人間にしかできないこと、機械にできないことができる人間と、機械に代替されてしまう人間とに二分していることに気づく。

ところで、香山が科学技術の発展に伴い人間の労働が機械に代替されつつあるという認識と、それへの対応として、人間にしかできない能力を開発しようとする姿勢は、二〇二〇年代の学校教育でも通用力がある。たとえば、ICT教育で有名な埼玉県戸田市では、「AIでは代替できない力」「AIを使いこなす力」を育成することを主眼としている。

この香山の未来予測は生成AIなどの急速な発展を目の当たりにしている二〇二〇年代に生きる我々の認識をさかのぼること五〇年以上前に示されたものである。機械による人間の労働の代替リスクは言い当てたとはいえ、人間の能力開発、すなわち高い判断力と創造性の育成には多大なコストがかかることについては楽観的であったといえる。香山は科学技術の発展によって社会全体が豊かになることで、そうしたコストは十分賄えると考えていたのだろう。

四　香山の教育問題へのスタンス

中曽根内閣は鈴木内閣が設置した「増税なき財政再建」を掲げる第二臨調路線を踏襲した。第二臨調の主要メンバーにはのちに臨教審委員にもなった瀬島龍三、屋山太郎がいた。臨教審はこのように第二臨調の行革路線の延長線上に位置づけられるため、教育改革に必要な財源調達問題には消極的なスタンスとなった。

たとえば、臨教審の第三次答申において、答申の検討過程では「政府は、行財政改革との整合性に留意しつつ」とすべきという意見が出たが、実際の答申では「教育改革の推進に当たって、本審議会は教育改革の方向に即し、資金の重点的・効率的配分に努めつつ、国家財政全般との関連において、適切な財政措置を講じていく必要があるとの基本的な考え方を一貫して示している」となった（内田　一九八七：一五八）。

検討過程では「整合性」が使われ行革路線が色濃く出たものの、答申では「関連」にとどめられた。このことが意味するのは、「整合性」を用いると財政制約を相当意識した教育改革という性格づけとなるため、「関連」というやや弱い表現をもちいて極力教育改革への財政支出を求めるスタンスを打ち出すという対立軸の存在である。

この当時、臨教審の答申内容をめぐっては批判が多かった。「臨教審は、臨調でも行革審でもないのだから、ひたすら教育改革を提言しそれに必要な財政支出を要求すればよい」という意見が多かったという。他方で「現実の日本の財政事情を考え、実現可能性のある提言とするためには、積極力のある論理を組み立てなければならないとする」主張もあった。上記の「整合性」と「関連」をめぐる軋轢は、臨教審の改革の実現可能性に関わる論点の存在を示すものだった。

香山自身もまた、教育改革の裏付けとなるはずの財源問題にはほとんど関心を示さなかった。香山は以下のように、財源問題と切り離された教育改革の実行戦略を示した。

私は長期的に一学級の児童・生徒数を減少させることには賛成であるが、物事には順序というものがあるのであって、まず「教師の質の改善、向上」や「教育の自由化・多様化」の実績が上がってからはじめて手をつけるべきことであって、その逆であっては絶対にならないと思う（香山 一九八七：一〇一）。

そして、香山は「教師の質の改善」をするために、当時「児童・生徒数の減少期が到来し、教師過剰時代がやってくる」ことを「天の声」と捉えていた。つまり、少子化によって当時のクラスサイズ（一学級の児童・生徒数）を維持すれば、教師は供給過剰となり、「問題教師」「ダメ教師」を自然淘汰する絶好のチャンスだと考えた。よって、香山からみれば、「教師の質の改善」は教師の供給量の調整の問題であり、教員養成や教員研修の問題ではなかった。あくまで教員間の競争により比較優位の教員を教壇に残すことで解決できるものだった。そこには教育を投資の対象とする視点はさほど感じられない。

この発想は教育サービスのサプライサイドに焦点を当てたものである。香山は少子化を少人数学級実現の千載一遇のチャンスとは捉えなかった。当時少人数学級を求める声に対しては、次のように手厳しかった。この背景にはここまでみてきたような行革路線の発想がもちろんある。それにくわえて、中曽根内閣が実行した三公社（日本専売公社、日本電信電話公社、日本国有鉄道）の民営化の背景にある労働組合対策の発想と軌を一にしている側面もあった。すなわち、地方公務員たる公立学校教員から組織される日教組こそが教育サービスの非効率化の元凶だとする認識である。もちろん、このような認識には政治的背景もあったが、香山にとっては経済的な問題として映った。道路や空路の発展と対照的に、輸送シェアが低下しても国鉄が人員整理できなかったことが、香山の脳裏に浮かんだと思われる。

……「四十人学級だ、三十五人学級だ」と「公教育体制」の量的拡大、「問題教師」、「ダメ教師」の既得権益の擁護、拡大にのみ没頭している（香山　一九八七：一〇〇）。

このような香山の認識は『日本の自殺』ですでに表明されている（グループ1984年　一九六七：四〇）。「……財源の裏付けを持たない、政党間の、無責任な人気取りのための「福祉コンクール」は社会保障の経費を一方的に膨張させていく。政党や地方自治体の無責任な「無料化コンクール」（水道、ゴミ処理、教育、医療など）「減税競争」も各種の赤字を累積的に増大していくのである」と指摘し、「パンとサーカス」の現代版だと指弾する。

それではディマンドサイドである児童生徒にとって少人数学級は不要かとの反論に対して、香山は「子供の立場からしても「尊敬できない」ような先生から少数教育を徹底的にやられたらそれこそ逃げ場を失うことになるにすぎない」と述べる。

香山は、こうした認識を補強するために当時の世論調査を紹介した。一九八四年三月の読売新聞の有識者二五〇人アンケートによると、教育改革の優先課題の第一位に「教師の質の向上」(五八・三%)が挙げられていた。他方「一学級の児童・生徒数の削減」は二四・〇%にとどまり七位だった(香山 一九八七:九六)。

一九八〇年の東京都の調査(児童生徒それぞれ一〇〇〇人程度)では(香山 一九八七:九八)、教師を「尊敬していない」回答が小三男子で四〇・四%であり、中二男子では五三・六%となっている。女子に至っては、小三女子一六・七%から中二女子六〇・三%となっている。教師を「きらい」と答えた回答も多く、中二男子四四・八%、中二女子四七・〇%であった。

教育社会学者の清水義弘の調査も紹介し、「先生は好き」という回答が、小三の七〇・五%が中二では一六・四%となっている。東京都の調査でも示されていたが、学校で長く過ごすほどに教員に対する忌避感が増えていると考えざるを得ない状況があった。これは香山にとって明らかに教育のサプライサイドの質に問題があるということになる。

要するに、香山はサプライサイドである教員の質の向上こそが重要課題であり、そのためには少子化という政策が介入できない「天恵」を活かすべきだと考えた。サプライサイドへの財政支出を増やすのではなく、ディマンドサイドの児童生徒と保護者に選択の自由を与えることによって、サプライサイドの学校や教員間の競争を促し、その結果として教育サービスの質改善が目指された。

香山は学生時代に経済学のトレーニングを受けたせいか、教育サービスの提供モデルを工場なり製造業のメタファーで捉えていた。工場と製品の関係が、学校・教員と児童生徒の関係と似た関係と位置づけられる。このモデルの問題は、大量生産モデルとして一定の評価を与えられるとともに批判された。つまり、画一的な仕様で均質な製品を大量に生み出す点においては、指示通りに動ける没個性の人材を大量に社会に送り出すことには成功を収めたと評価された。しかし、多品種高品質な製品を生み出すには不適合であるという批判、つまり、個性ある多様な人材の育成には不適合であるという批判がなされた。このような人材を生み出さない限り、日本の産業のこれ以上の発展は覚束ないという危惧が示された。

さらに、工場たる学校・教員の質については、日教組批判を交えながら批判された。つまり、マクロに見れば学校における教育モデルは一定の成功を収めたとはいえ、ミクロに見れば教員の質に問題があり、それを、だぶつき始めた教員間の競争で改善させようと構想した。

この構想に関連するのが、教育に関するもう一つの関係モデルである。すなわち、教育は、工場／製品と対比して学校・教員／生徒を措定するだけでは捉えきれない。生徒（保護者）は顧客＝消費者でもあることから、香山は生徒（保護者）の消費者としての性質を見いだし、それに期待した。香山のこの構想に対しては大嶽が批判しているところである（大嶽　一九九四：一八六）。

一九八〇年代は学歴社会が進行していた時代であり、大嶽は、そのような時代に子どもや保護者に学校選択の自由を与えた場合のその帰結を危惧していた。すなわち、保護者が学歴社会に適合的な価値観を持っている以上、特に初等中等教育においては保護者が学校選択の主体となることで、より一層の学歴社会が招来することになる。これは子どもにとっては保護者による選択の押し付けである。大嶽はこのように指摘した上で「臨教審での議論には、こうした意味での「学歴社会」についての認識の甘さがあったように思われる」と述べた[2]。

(2) 本書第五章で徳久が指摘するように香山の家族像は極めて伝統的であるが、学校選択の主体として伝統的家族がどういう選択をするかの想像力が香山にはなかったといえる。

五　香山と「四六答申」

明治維新期と占領改革期の教育改革に続く教育改革を「第三の教育改革」と自称した初めての例は、中教審による「四六答申」であった。答申には前文が置かれ、そこには「わが国では、明治初年と第二次大戦後の激動期に教育制度の根本的な改革が行なわれたが、今日の時代は、それらとは別の意味において、国家・社会の未来をかけた第三の教育改革に真剣に取り組むべき時であると思われる」と謳われている。なお、四六答申を見る限り、この時点では必ずしも明治維新期と占領改革期を明示的に「第一」「第二」の教育改革と呼んだわけではなかったようである。「四六答申」の翌年、昭和四七年は一九七二年であり、明治五年の学制頒布一〇〇周年に当たった。それに合わせて刊行された文部省の正史ともいえる『学制百年史』（文部省　一九七二）の結語には過去二回の新旧学制改革と「第三の教育改革」との相違点を示している。まず最も大きなものは「社会の成熟と変化」であり、高度工業社会、情報化社会にあって、「人間の福祉や生存そのものにとって好ましい条件とともに多くの好ましくない条件が現出している。このような技術、社会、自然の環境の激変のなかで人間形成の過程もきわめて複雑、困難なものとなってきている」とする。

さらに、日本の追いつき型近代化が完了したという認識と経済大国化が示された。第一に「たんに範とすべき手本を先進国に求める時代ではなくなった」「今後はたんに既成の成果を他国に求めるのではなく、われわれ自身の努力でわが国に即した解決の方途を確立していかなければならない」とある。第二に「わが国の経済的条件は前二回に比べて著しく好転し、また社会も高度に成熟しつつ激変の過程にある」と成熟社会化の認識が示されている。第三に、「量的拡大のなかの質的変化が意識されてきたのであるから、今後の教育は質的充実を中心としての発展と改革でなければならない」とし、義務教育や高校教育の充実や高等教育の大衆化や児童生徒数の増加という意味での量的拡大から、質的充実への転換を求めている。

このように「四六答申」が求められた背景を正面から示した結語の背景には、「四六答申」を支えた天城勲（当時、日本育英会理事長。前文部事務次官）と西田亀久夫（当時、日本ユネスコ国内委員会事務局事務総長）が編集委員に入っていたという人的な要素があるだろう。そして、結語に示された時代認識は香山のそれと重なる。

なお、香山は自著のなかで、フランスの義務教育制度が明治維新期の日本の学制改革に大きな影響を与えた経緯を、この『学制百年史』を約一頁にわたり引用しながら紹介している（香山一九八七：二六〜二七）。香山は文部省を厳しく批判していたが、『学制百年史』をこれほど長大に引用することからみて、文部省の歴史叙述の「正しさ」を評価していたのはもちろん、この「正史」の編集体制へ信頼を寄せていたことがうかがえる。

文部省内では西田が中心的に関わった四六答申は「挫折」したわけだが、先述の通り香山は審議期間中、文部省大臣官房に置かれた非公式な委員会に所属し答申作成に関わっていた（大嶽一九九四：一七三）。香山は「革新派」の西山に共感し、四六答申後、教育改革のための研究会を組織し、西田らを招き検討を続けた。そこで得られたのが文部省の規制を緩和するという戦略であり、その後大平内閣の「政策研究会報告書」の家庭基盤充実研究グループ報告につながっていく。そこではすでに「詰め込み教育や画一教育、教育偏重の改善。子どもの個性や自主性を尊重し、多様な自己表現欲求や可能性をひき出し、のびのびとした豊かな成長を助ける教育の重視」という提言が盛り込まれていた。

ところで『学制百年史』は学制百周年となる一九七二年九月に合わせて刊行された。四六答申が一九七一年六月に出され、『学制百年史』の編集委員会が立ち上がったのが同年一一月一七日だった。既述の通り、編集委員には四六答申の中心人物の西田のほか、天城勲、そして西田の後任の審議官の奥田真丈もいた。このように『学制百年史』が時期的にも人的にも四六答申と密接な関わりを持つことがわかる。香山もこの『学制百年史』を引用したのはすでに見た通りである。

こうしてみると西田と香山は教育改革に対してかなりの程度認識を共有していたと考えられるし、西田の苦い思いを香山は引き継いだようにも思える。しかし、臨教審が活動していた時期の書籍に収められた西田の証言を見る限り、西田と香山のあいだには愛憎半ばする感情の絡み合いがあったと推察できる。それはおそらく、香山が臨教審を橋頭堡として教育改革を強力に推進しようとしていた時期の西田の穏やかならない心境が遠因だったのだろう。

西田の証言は、四六答申をめぐるものである。西田も四六答申の「挫折」を反省し、その要因分析を記した「西田メモ」を残していた(一九七二年九月七日)。香山が西田を講師として招いた研究会かどうかは不明だが、「西田メモ」が配布された一九七二年九月七日、つまり『学制百年史』(編集後記は一九七二年八月付)が完成した直後に、ある会合があった。ところがこの会合のことを西田ははっきり記憶していないという。「政治家関係の集まり」であることは覚えていても会合の趣旨は思い出せないと証言している(石山 一九八六:一六六)。ただ出席者の一人である香山のことは明確に覚えていた。その理由は、香山がその会合に出席していたのを目撃して意外な思いを抱いたからだったそうである。全学連委員長をしていた香山が出席するにはそぐわない保守系の政治家関係の会合だったからだろうと記憶している。そして「いまは中曾根さんのそばにいるようだけれど、あのとき〔の政治家〕は、中曾根さんでなかったと思います。いろいろと忙しい人物ですね、彼は」と述べた。

この証言を収めた『文部官僚の逆襲』が刊行されたのが一九八六年である。その一〇年以上前の会合が大嶽の言う香山が主催した研究会かどうかは不明である。大平の政策研究会は一九七八年に設置されたからおそらく西田の言う「保守系の政治家」が大平ともはっきりとはいえないし、大平を保守系と表現するのも違和感がある。

しかし、ここで重要なのは、西田による香山の奇妙な位置づけ方である。香山は四六答申を背後で支えたばかりか、西田を招いた研究会を開いていたのである。その香山を全学連委員長経験者が保守系政治家の会合に紛れ込んだかのような表現で記憶しているというのは作為的なものを感じる。西田は香山との距離をとろうとしていたかのようにみえる。

「西田メモ」には「教育改革を推進するための戦略」が掲げられ、「内閣に教育改革推進の基本政策を担当する首相特別補佐官を置き、各界の立場を代表する人々によって構成される『国民教育会議』の議を経て、教育改革の実施方針を内閣に勧告させる」という提案が含まれていた（石山　一九八六：一六八）。臨教審はまさにこの「国民教育会議」を想起させる。

六　香山と臨教審

これに続いて香山が直接関わった臨教審の第一次答申では、明治維新期の教育改革を「第一の教育改革」、占領改革期の教育改革を「第二の教育改革」と明示的に呼んだ。ただし、臨教審の自称は「今次教育改革」とするにとどまり、「第三の教育改革」と自己規定しきらなかった。

香山は自著のなかでこのような臨教審の姿勢を批判した。というのも、「第三の教育改革」と臨教審が自称することで、四六答申を真正面から評価せざるをえない状況に臨教審自身を置くことになるべきと考えたからである。しかし香山がみるところ臨教審は「昭和四六年の中教審答申の内容を、その功罪両面についてどう評価するかというような問題についても、……当初の総会審議における掘り下げ方は甚だしく不十分なものであった」（香山　一九八七：二三七）。

香山が臨教審を第三の教育改革と位置づけようとした背景には、もちろん自身が水面下で関わった四六答申に対するこだわりがあっただろう。四六答申は結局のところ実施を担うはずの文部省によって棚上げされてしまったからである。臨教審という場で今度こそ第三の教育改革を実現しようと考えたのだろう。

もう一つ香山が臨教審を「第三の教育改革」と規定しようとこだわった背景には、明治以来の日本の変化を巨視的に俯瞰すべきという想いがあったからだろう。香山は日本の経済力が欧米に追いついたことを教育の課題としても捉えた。明治元年が一八六八年であり、明治一〇〇年に当たるのが昭和四三年、一九六八年だった。そして、この年に明治百年の記念式典が行なわれたのに加えて、この年に国民総生産が西ドイツを抜き、西側諸国のなかでアメリカに次ぐ第二位の地位に至った。つまり、明治百年の年に追いつき型近代化の目標が達成されたものの、そのことはただちに目標とすべきモデルが喪失したことを意味すると香山は考えた。四六答申に至る諮問が昭和四二年のことであったから、香山はこの四六答申の実現が日本の追いつき型近代化以降の日本を変える原動力となると考えたのだろう。

『日本の自殺』のなかでも香山は、このエピソードを次にようにやや劇画的に表現していた。

〔日本がアメリカに次ぐ経済大国になったのが〕明治維新から数えて正確に百年目に当たっていたということは、偶然とはいえあまりにも出来すぎていた。往事の日本国有鉄道の時刻表の正確さにも似て、近代日本はその発車からきっかりと百年目、つまり八七万六千時間後に、〝西欧先進国に追いつき追越す〟という「国家百年の計」の目的地にぴたりと到着していた(グループ1984年　一九七六：二一九)。

先述の通り、四六答申が文部省によって棚上げされてしまったため、香山は自らがより深く関わった臨教審に期待を寄せることになった。そこには四六答申の失敗に対する批判もあった。批判は三つあり、第一に、「近代を超え、工業社会を超えていくための、改革の文明史的な展望に欠けるところが」あったこと、第二に、「追いつき型近代化時代の終了、工業社会から脱工業社会への転換という時代認識がまだ成熟しておらず、改革への教育界ならびに世論全体の成熟」が不十分だったこと、第三に、「教育の自由化、民間活力の導入、官民の役割分担、国・地方の役割分担の見直し等の基本的視点が欠けていた」ことである（香山　一九八七：二九〜三〇）。先にみた『学制百年史』の結語のような時代認識こそが臨教審には求められると香山は考えたといえる。

ところで、第三の教育改革と見なされたのは臨教審が最後ではなかった。二〇〇〇年に小渕首相によって設置された教育改革国民会議から二〇〇六年に発足した第一次安倍内閣に至る時期の一連の教育改革もまた第三の教育改革と呼ばれた。たとえば二〇〇三年の国会では、保守新党の山谷えり子が道徳教育の充実を求める質問を行なった際に「明治維新、終戦後に続く今日の第三の教育改革は、歴史認識、人間とはどういう存在かという議論、またとりわけ現場で起きていることを通して、深い思索的なものであると同時に現実的なものでなければならないと考えております……」と発言した(3)。道徳教育を求める立場からすれば臨教審は教育基本法の改正を回避した一点においても第三の教育改革たりえない、と映ったのかもしれない。

香山は臨教審の議論を「教育の自由化論者」としてリードした。ここでの自由化には先にみたような選択の自由というディマンドサイドの自由のほかに、サプライサイドの自由化が含まれている。その点で既存のサプライサイドの代表選手たる文部省と日教組に対しては厳しく批判を加えることになる。というのも、文部省も日教組も公立学校システムを維持し、私立学校など民間部門が教育分野に参入することを忌避するという点で利害が一致していたからである。

香山は教育基本法（旧法）第四条第二項「国又は地方公共団体の設置する学校における義務教育については、授業料は、これを徴収しない」と第六条第一項の規定「法律に定める学校は、公の性質をもつものであつて、国又は地方公共団体の外、法律に定める法人のみが、これを設置することができる」の改正を提言した（香山　一九八七：二二五）。この提言が目指したのは、学校の民営化、塾の合法化であり、それを通じた保護者と子供の選択の自由の拡大と競争メカニズムの導入であった。より具体的には「学校の設立、選択は原則自由とし、その許認可は文部省とは独立した大学基準協会のような組織や中央教育委員会、地方教育委員会等が自主的におこなうべきであろう」と述べている。さらに「私立学校の設立、運営についても、これを妨害することはもちろん論外……」と述べた（香山　一九八七：二二〇）。この香山の提言は明らかに公立学校を主体とした義務教育とほとんどの県の高校教育に大きな影響を及ぼすものであった。文部省も日教組も香山の改革案には真っ向から反対したのも無理はない。

香山の提言の先にあるのは文部省の改組であった。「……文部省は許認可官庁的体質から政策官庁的体質に脱皮を図り、文化・スポーツ省に改組し、現在の文部省初等中等教育局は義務教育の国公立学校間の連絡・調整等担当の教育庁に改組することを検討すべきであろう」（香山　一九八七：二二〇）と述べた。二〇〇一年の中央省庁等改革を経験した後の我々からすると、省庁の再編は容易なことではなく、たとえ一省の再編であっても「平時」には容易なことではないし、既得権益に絡め取られた教育分野ではなおさら困難であった。しかし、香山は「……いまのような時代だからこそ抜本的な改革の方が、現状維持的な局部的対症療法よりも実行可能性（フィージビリティ）が高いという面があることも忘れてはならない……」（香山　一九八七：一二〇）と述べて期待を寄せた。

しかし、現在においても文科省初中局が所管する公立小中学校の教員給与を賄う義務教育費国庫負担金が健在であることからみても、また香山自身が教育財政にはあまり手をつけようとしなかったことからみても、香山の描いた文部省改組論は現実性が乏しかった面があるといえる。事実、義務教育費国庫負担金は小泉内閣のときの三位一体の改革の中心的な生け贄となったものの、しぶとく生き残った。日教組の組織率が低下した二〇〇〇年代初頭においてもなお、教育界の反発は大きかった。教育分野が文部省、文科省が所管する教育財政制度によって大きく規定されていることは香山も当然理解はしていただろう。しかし、香山が優先したのは教育財政制度の改革ではなく、教育の自由化であった。

平成の三〇年間に行なわれた事実上の体制改革の一つである三位一体の改革により、義務教育費国庫負担金が削減された後、地方自治体の独自の教育改革が展開していったことは、教育財政制度が、香山が批判した教育界の画一性の大きな原因の一つだったことの証左となった。

香山の思想の根底にあるのは自由であり、教育分野に当てはめるならば、教育サービス提供の自由（学校設置の自由化など）というサプライサイドの自由にくわえて、子供や保護者の選択の自由、個性の尊重などディマンドサイドの自由も含まれる。香山の考えからすると、公教育（日本の文脈では私立学校も含まれる）への参入規制が強く、また特定の考えで教育内容を決めるという点で文部省も日教組も教育の自由化の阻害要因となる。

香山が重視した教育の自由の考え方は日本国憲法第二六条および教育基本法（旧法）第三条第一項の考え方との緊張関係から理解できる。憲法では「すべての国民は、法律の定めるところにより、その能力に応じて、ひとしく教育を受ける権利を有する」と規定され、教育基本法（旧法）でも「すべて国民は、ひとしく、その能力に応ずる教育を受ける機会を与えられなければならないものであつて、人種、信条、性別、社会的身分、経済的地位又は門地によつて、教育上差別されない」と規定されている[4]。香山がみた文部省や日教組の「教育の機会均等」は悪平等主義であった。悪平等主義の帰結が狭量な教員の指導により子供の自死に至った悲劇的な事例であり、日教組による学校運営の乗っ取りである（横浜市立並木第三小学校、麻布中学校、埼玉県狭山市山王中学校[5]）。

香山は自由主義者らしく「能力に応ずる」教育の機会を重視した。一九六七年の段階で香山は『未来学入門』のなかでこの能力の差について言及している。「能力のある人間にはそれにふさわしい冒険と挑戦の機会を与え」「能力の劣る人間にはそれにふさわしい生きがいの対象を与え」と述べている（香山　一九六七：二二二）。この段階では「能力」は知識や知能に限定されていた。そして、以下のような「能力に応ずる」提案がなされた。

非凡人には非凡人にふさわしい、平凡人には平凡人にふさわしい満足の機会を与えるような条件を、発明しなければならない。

香山はこの二〇年後に至り、「能力」をより深く検討するようになった。

……単なる「学力」や「知力」、「成績」などという狭い意味に理解すべきものではなく、心のゆたかさ、温かさや情緒のゆたかさ、芸術性、知・徳・体等、およそ人間の持つありとあらゆる能力を意味するものと考えるべきもの……（香山　一九八七：六〇）

香山の「能力」観の進化の背景には、工業化社会（『未来学入門』は明治九九年にあたる一九六七年に刊行された。既述の通り、翌年日本は自由主義社会でアメリカに次ぐ経済力を持つに至った）を発展させる段階では知力が能力と同一視されることに合理性があったが、経済発展を達成した段階では能力は個性と同義だと理解されるべきと香山は考えた。

本書序章で待鳥が指摘するように、香山が一九八〇年代には伝統主義的姿勢を持ったのは、確かである。『自由のための教育改革』でも昭和天皇御製を紹介している。そうした目に見える姿勢とは別に、香山の教育の国際化提案のなかにも伝統主義の気配が感じられる。この点については、大嶽も注目しており「香山の議論は、財政問題や経済的非能率の解決のためにではなく、道徳的退廃の克服や精神的自律のための手段としてではあるが、現代の日本の改革のために市場競争のディシプリンに依拠しようとするところに特徴がある」（大嶽　一九九四：一七一）とまとめている。(6)

香山は教育改革が克服すべき画一性、閉鎖性、非国際性という三つの課題を示した。非国際性については、八つの具体的問題を指摘するが、そのうち三点が、国際化のなかでの日本の良さを「輸出」しようとする考えを背景に持つと思われる。すなわち「国際社会に日本文化や日本人について理解させようという努力の欠如」「国際社会に通用する日本人としての日本語の能力及び日本についての基礎的知識教養の不足」「国際社会における日本の役割に対する過小評価ないしは無知、鎖国的意識の残存等」（香山　一九八七：二四）である。

香山は臨教審への提案の最後に「国際化への対応」を掲げており、具体的方策として大学を手始めとする九月入学への移行を挙げた。しかし、同書で教員の質の低下の論拠とした読売新聞の世論調査では教育改革の優先課題として、九月入学は一一・一％しか賛同を集めていない。これは教員の質が五八・三％とトップだったのと対照的である。それでも香山は意識改革を目指しトップダウンで入学時期の移行を行なおうとした。臨教審全体が規制改革を基盤としたボトムアップ方式で教育改革を進めるべきと提案した香山としては国際化にかける強い想いがあったのだろう。

香山が教育の国際化を議論する際、下敷きとしたのは、臨教審第二次答申と同じ一九八六年四月に中曽根首相に提出されたいわゆる前川レポート、「国際協調のための経済構造調整研究会報告書」である。これは市場開放、内需拡大、構造改革を求めたものであり、香山はこうした大きな潮流に教育の国際化も位置づけた（香山 一九八七：一八四）。経済大国となった日本の国際的責任というのはつまり一人勝ちは許さない国際秩序のなかで日本の立ち位置を確立する戦略を支える発想だった。

他方、香山の教育の国際化提案には、上記のような不可避的背景とはやや異なる考えも含まれている。それは伝統主義的な日本観を新たに国際関係のなかに再定義しようとする考えであった。明治維新や占領改革を経て、追いつき型近代化を達成し、敗戦のショックからも立ち直った一九八〇年代の日本にふさわしい国際化として提案されている。すなわち「……広い国際的視野の中で日本社会・文化の個性を自己主張でき、かつ多様な異なる文化の優れた個性をも深く理解することのできる能力が不可欠である」という考えに集約される提案である。これは欧米を理想とせず、日本の変革ばかりを志向しないという点で、香山が臨教審で実現しようとした追いつき型近代化の達成以降の教育の姿と親和性が高い考えである。

ちなみに、香山の構想した教育の国際化はその後、三〇年後の二〇一六年、「ＥＤＵ-Ｐｏｒｔニッポン」という官民協働プログラムとして結実した。このプログラムは日本の魅力ある教育を海外展開していくことを目標とするもので、「高い基礎学力や規律ある生活習慣を育む初等中等教育」「質の高い「理数科教育」「ＩＣＴ教育」」「高等専門学校や専修学校での「産業人材育成」」など、海外から寄せられる関心の高い分野を「輸出」しようとするものである。

（3）第一五六国会衆議院文部科学委員会第一号（二〇〇三年二月二五日）。
（4）改正後、旧法第三条第一項は新法第四条第一項に引き継がれ、「すべて国民は、ひとしく、その能力に応じた教育を受ける機会を与えられなければならず、人種、信条、性別、社会的身分、経済的地位又は門地によって、教育上差別されない」となった。
（5）香山（一九八七：七一〜七四、八七〜九〇）の記述によれば、横浜市立小学校の事例は、一九八五年二月一六日、一一歳の児童が学校システムの硬直性やテスト主義の抑圧性に対して批判した作品（詩など）に対して担任教員から叱責を受けたことに絶望して自死したものである。麻布中学校の事例は、横浜市の自死事件の二日後、一五歳の生徒が自死したものである。この生徒はスポーツばかりして勉強しないことを叱責されていたという。他方、狭山市立中学校の事例は、職員室の窓ガラスに反政府的な文言を記したビラ（軍拡予算反対、公務員の労働基本権確立、臨調路線反対など）が貼られたり、私立高校の合格者に対しての誹謗中傷を教員が行なったりしたものである（『週刊新潮』一九八五年三月二一日号による）。
（6）大嶽は香山の「思想的「遍歴」」を「伝統的保守主義者が、市場原理がもつ道徳的効果を発見し、経済的自由主義の主張に同化していった一例として興味深い」と評した（大嶽　一九九四：一七一）。

七　体制内改革から事実上の体制改革へ

香山が臨教審という場で実現しようとした教育改革はすぐには実行されなかった。しかし、それは平時の教育改革（たとえ学制改革を志向したとはいえ）としてはもっともな顛末だった。その後、教育分野の堅い岩盤は、日教組の組織率の低下、中央省庁等改革での文部科学省の誕生と官邸主導体制の強化による教育政策の「間接統治」（青木　二〇二一）の進展といった教育界の二大巨頭の弱体化あるいは変容により、大きく揺らいでいる。

まして、事実上の体制改革という性質を帯びた平成三〇年間の統治機構改革により教育改革をめぐる環境も大きく変わっている。すなわち平時の教育改革ではなく、擬似的な学制改革が以前よりも可能な環境となっている。

臨教審時代の香山は二一世紀まであと一三年という焦燥にとらわれていた。西暦での区切りでは臨教審の教育改革は時間切れとの戦いであった。ところが、臨教審以降まもなく訪れた昭和の終わりと平成の始まり、そして事実上の体制改革を蓄積していった平成期は教育改革をこれまで以上にドラスティックな形で可能とした。つまり、結果論ではあるが、元号の区切りが示す時代の区切りの方が事実上の学制改革に向けた時代認識としてふさわしかったともいえる。

もちろん、教育改革は教育問題を解決するために行なわれる。二一世紀に入り、そして令和となってからの格差拡大、外国にルーツを持つ児童生徒の増加、不登校・いじめの激増、特別な教育ニーズを持つ児童生徒の増加といった新たな教育課題は、香山が提起した規制緩和と市場原理の導入では対応できない。香山が「福祉コンクール」と唾棄したような税の投入が必要である。香山が想定したよりも厳しい社会経済情勢にある日本における教育改革が今後どういう展開となるのかは、不透明である。

しかし、教育改革は過去の「挫折」「失敗」を乗り越えていく。香山は四六答申の「挫折」を受けて、西田の「国民教育会議」に似た臨教審に精力をつぎ込んだ。その後、二一世紀を翌年に控えて設置された教育改革国民会議に至っては、名称の面からして「国民教育会議」を思わせる設置形態だった。その後中教審とは別に官邸に教育改革を議論する会議体が設置されることが自民党政権では常態化しており、第一次安倍、福田、第二次安倍、岸田内閣が設置した。

香山の教育改革のアイデアは伏流水のように現在に至るまで影響を及ぼしている。元来、リベラル・モダニズムは体制内改革の知的基盤であり、体制改革とセットでなければ実現しない学制改革とは相性が悪い。しかしながら、穏健な事実上の体制改革がなされた後の令和初期においては、ついに「平時の学制改革」を可能とする環境が整いつつあるといえるだろう。残された問題は、リベラル・モダニズムの活力がこの令和初期にどの程度残されているか、である。

参照文献

※本章で言及した香山健一の著書
香山健一(一九六七)『未来学入門』潮新書。

――(一九八七)『自由のための教育改革――画一主義から多様性への選択』PHP研究所。

――(一九九二a)『歴史が転換する時――二十世紀が語りかけるもの』PHP研究所。

――(一九九二b)『日本の将来　選択のシナリオ』高木書房。

※香山健一以外の著作

青木栄一（二〇二一）『文部科学省――揺らぐ日本の教育と学術』中央公論新社。

石井和雄（一九七四）『文部省』教育社新書。

石山茂利夫（一九八六）『文部官僚の逆襲』講談社。

内田健三（一九八七）『臨教審の軌跡――教育改革一一〇〇日』第一法規出版。

大嶽秀夫（一九九四）『自由主義的改革の時代――一九八〇年代前期の日本政治』中公叢書。

教育社（編）（一九七九）『便覧　文部省』教育社。

グループ１９８４年（一九七六）『日本の自殺』ＰＨＰ研究所。

徳久恭子（二〇〇八）『日本型教育システムの誕生』木鐸社。

堀尾輝久（一九九三）『対話集　教育を支える思想』岩波書店。

待鳥聡史（二〇二〇）『政治改革再考――変貌を遂げた国家の軌跡』新潮選書。

文部省（編）（一九七二）『学制百年史』帝国地方行政学会。

――（編）（一九九二）『学制百二十年史』ぎょうせい。

レオナード・Ｊ・ショッパ（小川正人監訳）（二〇〇五）『日本の教育政策過程――一九七〇～八〇年代教育改革の政治システム』三省堂。

第七章　改革の時代におけるリベラル・モダニストの肖像
――佐々木毅

待鳥　聡史

一　時代――「宴」の外に立って

二　関心――秩序・権力・政治術と政治的意味空間

三　改革――理念と制度

一九九〇年代から二〇〇〇年代初頭にかけての日本は、改革の時代であった。冷戦の終結や政治腐敗の深刻化を受けた政治行政の各分野の制度変革に始まり、バブル崩壊とその後の経済的停滞は社会経済の変革にまでつながった。公共部門に限定しても実質的意味の憲法改正に等しい変化であり、より広く捉えるならば、まさに「この国のかたち」が変わったといえるだろう。今日、それは新自由主義の強まりとして説明されることも珍しくない（たとえば、中野　二〇一五）。

しかし実際には、選挙制度改革や地方分権改革への動きが始まった時期には戦後日本の社会や経済に対して過信に近い自信が溢れていたのであり、政治改革を通じて「経済一流、政治三流」を是正するという発想が出発点であった。そこに存在したのは、むしろ戦後ついに「追いつき型近代化」を達成し、それを超えた「日本型」を生み出しつつあった社会や経済に比して、政治は依然として前近代的要素が目立つという認識であった。改革の時代は、明らかに近代主義的な認識から始まったのである（待鳥　二〇二〇）。

改革の時代、とりわけその端緒である一九九〇年代前半の選挙制度改革において中心的役割を担い、その後も各界の改革志向の高まりを支えた重要人物の一人が、本章でとりあげる佐々木毅（一九四二〜）である。一九八七年に彼が公刊した『いま政治になにが可能か』（佐々木　一九八七）は、改革の時代の幕開けを告げる著作となった(1)。この著作を上梓した当時、佐々木はすでに東京大学法学部教授の地位にあったが、西洋政治思想史を主な研究テーマとしていた。つまり、具体的にはもっぱら制度変革として進められた改革は、理念や思想の研究者である佐々木の参画によって支えられていたといえる。

佐々木毅は今日まで公職に就いていることもあり、その事績についての包括的検討はまだ行なわれていない。政治改革との関わりについても、佐々木雄一による論考が唯一ではないかと思われる（佐々木 二〇二二）。本章もまた、佐々木毅の思考や行動の全体像を把握するには遠く及ばないが、彼の経歴や代表的著作のなかから思考の骨格を把握し、それを改革の時代の行動と関連づけることで、「思想史家がなぜ制度変革を支えたのか」について、萌芽的な検討を進めることにしたい。

（1）本章で言及する佐々木毅の主要著書については、章末のリストを参照。

一　時代――「宴」の外に立って

一九四二（昭和一七）年七月一五日、佐々木毅は秋田県仙北郡千屋村（現・美郷町）に生まれた。県南部の大曲と横手の間、奥羽山脈を越えると東は岩手県という山間部であり、佐々木家は製材業などを営む名望家であった。彼の父親は長八といい、早稲田大学を出て戦中には出征の合間に千屋村長を務めたが、そのために戦後は公職追放に遭っていた。農地解放の影響もあったが、山林が残されたこともあり、一家の生活は戦後もそれほどダメージは受けなかったようである。自伝的な回顧録である『知の創造を糧にして』（佐々木 二〇一七）には、小中学校時代の経済的不自由を明らかに感じさせる記述はない(2)。

中学三年生になるときに、佐々木は生家を出て秋田市の親戚宅に転居する。秋田高校に進学するためである。秋田高校は旧制一中に当たる県立の名門校であり、当時は全国各地でこのような越境進学が珍しくなかった。もちろん、越境進学するのは地元での最優秀層の生徒で、佐々木も地元中学時代、すでに受験雑誌に成績優秀者として氏名が掲載されたことがあった。加えて、彼の祖父と父親も旧制秋田中学の出身であったから、佐々木にとってこの選択は全く不自然ではなかったであろう。秋田高校には一九五八年四月に入学した。三年生のときにいわゆる六〇年安保を経験したわけだが、生徒会副会長であったとはいえ勉強中心の高校生活を送っており、大きな関心はなかったようである。

大学入学に伴い上京して、佐々木は初めて政治運動に触れた。東大では駒場寮に入り、政治経済研究会という社会科学系のサークルにも加わった。一学年上に江田五月がおり、教養学部の自治委員長を務めていた。副委員長は一九九〇年代に大蔵省スキャンダルで失脚する中島義雄であった。江田や中島は六二年に大学管理法反対の全学ストに連座し、処分を受ける。佐々木は江田を「若いからきらきらしていた」として、駒場時代に出会った「すごい人」の代表に挙げるが、彼らとの政治的なつながりは希薄であった。六〇年に入学し、安保をめぐって最高潮に達した学生運動に当事者として関わった江田らと、翌年のいわば「宴の後」に入学した佐々木の間には、大きな温度差があったのかもしれない。

法学部に進学したのは一九六三年で、四年次の春には研究者志望を意識し始めた。当時はすでに大学院制度が存在していたものの、文系では総じて博士号取得まで至るのは珍しく、とりわけ法学・政治学では大学院そのものも十分に機能していなかった。東大や京大をはじめとした研究者養成機能を持つ主要大学では、司法試験や国家公務員試験合格者との人材獲得競争の観点から、優秀な学部卒業者を直ちに助手に採用する制度（学士助手、学卒助手）が存在したためである。(3)

佐々木が目指したのも助手としての採用であり、志望分野は福田歓一が講座を担当する西洋政治思想史（政治学史）であった。福田に夏休み中に採用審査のための論文をまとめるよう指示され、四〇〇字詰め原稿用紙「百数十枚」を書き上げたという。福田の評価は「まあ何とかセーフだな」で、六五年四月に助手として採用された。同期採用は四人であった。

最初の研究テーマにはニコロ・マキアヴェッリを選んだ。マキアヴェッリは『君主論』の著者として知られ、今日ではルネサンス期に始まる共和主義政治思想の最初期の重要人物だと考えられている。しかし、当時の日本ではフランスやドイツ、あるいはイギリスの近代政治思想を研究するのが常道であって、指導教授の福田歓一の研究対象もトマス・ホッブズやジャン＝ジャック・ルソーであった。佐々木自身の表現を借りれば、マキアヴェッリは「場末」であり「ハイリスク」だったわけだが、マルクス主義をはじめとする「イデオロギー過剰はそろそろ終わりという認識のなかで、これからの政治をどう考えたらいいのかということが関心事」だったという。イタリア語を勉強するところから研究を始めるという姿勢を含め、自ら恃むところのある若手研究者らしい選択であると同時に、先にも述べた「宴の後」の世代としての特徴も表れているように思われる。

東大法学部では、学部卒業直後に助手採用される場合、実質的には三年の任期が付いており、この間に博士論文並みの助手論文を仕上げることが求められた。佐々木は一九六八年三月に助手論文を提出して、四月に助教授に昇任、七〇年九月には助手論文に基づく著書『マキアヴェッリの政治思想』（佐々木 一九七〇）を刊行した。特定の有力大学の出身者や在職者が多くの機会に恵まれる傾向が今日より遥かに強かったとはいえ、二八歳での研究書公刊はやはり驚嘆すべきことに属する。一〇年前に駒場で「すごい人探し」をしていた若者は、すでに自分自身が「すごい人」になっていた。その後、七三年一〇月には第二作として一六世紀フランスの思想家ジャン・ボダンをとりあげた『主権・抵抗権・寛容』（佐々木 一九七三）を出版し、同書によって東大から法学博士の学位を取得している。

いわば最短ルートで東大法学部助教授になった佐々木が、研究者として極めて高く評価されていたことは間違いない。だが、二五歳の助教授には別の重要な仕事もあった。大学紛争への対応である。一九六八年は世界的にも学生運動が広がった年だったが、東大でも医学部を皮切りに紛争が始まっていた。佐々木は「大学に勤めたのか警察に勤めたのか分からない生活」だったと述懐する。そして「政治学的にはとても興味ある現象」だと感じていたが、六九年一月に安田講堂への機動隊導入が図られた際には、「申し訳ないとは思うが、学生の責任はどうなるんだ。子どもじゃないんだから、それぞれの責任をはっきりさせなきゃいかん」、そして「世界と比べ、日本の学生はけじめがなく、たちが悪い」という印象を抱くに至っていた。ここでもまた、彼は左派学生運動という「宴」の外にいた。

大学紛争が一段落した一九七四年、佐々木は初の在外研究の機会を得る。行き先はドイツ（当時の西ドイツ）であった。マキアヴェッリの研究ならばイタリアに、ボダンの研究ならばフランスに滞在してもおかしくなかったが、当時の佐々木が関心を抱いていたのは古典古代、特に古代ギリシャ政治思想の研究であった。

その成果は一九八四年に大著『プラトンと政治』として公刊された。プラトンをはじめとする思想家たちのテキストが古典語で書かれていることに加え、西洋政治思想史の源流であるだけに各国で研究が行なわれてきたテーマへの果敢な挑戦であり、同書も英語・ドイツ語・イタリア語・フランス語・日本語の先行研究を広く渉猟しつつ執筆されている。ただし、同書は古代政治思想史の内在的な研究を目指した書物ではない。彼自身が「古典学には素人の人間」と述べており、むしろ現代の「政治理論や政治的思惟に対してプラトンの議論が持つ意味」の考究が重要なテーマの一つとして目指されている。そこで佐々木が見出したのは、「「人間の共同体全体に配慮する技術」としてのポリティケーの概念」、そして「ポリティケー概念を機能的に使用し、プラトンから自由に政治社会のヴィジョンを作ること」の重要性であった（佐々木　一九八四a：四四四〜四四五）。

佐々木が現代政治について発言するようになるのは、一九七八年の東大法学部教授昇任後、八一年から八二年にかけてアメリカでの在外研究を行なってからである。当時のアメリカは共和党のロナルド・レーガンが大統領になり、レーガノミックスと呼ばれた大胆な経済政策を打ち出していた。ときに「レーガン革命」とさえ呼ばれた保守派主導の新しい状況に、佐々木は興味を持ったという。その成果が八四年に出版された『現代アメリカの保守主義』（佐々木　一九八四b）だが、原型ともいえる論文「現代アメリカの「新保守主義」」が雑誌『思想』に、「現代アメリカの選択肢——政治思想状況をみる」が雑誌『世界』に、いずれも八三年初頭に公表されている。西洋政治思想史の学識を基礎に据えたアメリカ保守主義の分析はまだ少なく、『現代アメリカの保守主義』は注目すべき研究成果として評価された。

しかし、この頃から佐々木の視線は、保守派主導のアメリカからの外圧を受けつつ、内向きな利益誘導政治に邁進する同時代の日本政治へと向かい始める。高度経済成長により先進国の仲間入りを果たし、二度の石油危機を乗り越えた日本は絶頂期にあったが、やはり彼は「宴」の外に立っていた。

現代日本政治について最初期に公表した論文は、『世界』一九八四年一月号に掲載された「〈地元民主主義〉を超えて」と、同年六月号の『中央公論』に掲載された「分断的政治システムに代る「政治空間」を求めて」であった。八六年になると『世界』二月号に「〈一国民主主義〉の隘路

――新しい国際状況と政治変動への視角」を掲載し、これら三本の論文は加筆修正を経て、同年一一月に出版された論集『保守化と政治的意味空間』（佐々木　一九八六）に収められた。同じ頃には『エコノミスト』一九八六年五月六日号に「ロン・ヤス路線を超える国際協調への道――転換期の政治・経済システムの展望」（佐和隆光との対談）、同誌一〇月一四日号には「日本政治を動かす「横からの入力」――政治活性化のための一視点」も公表した。これらの論文や著書で用いられている〈地元民主主義〉、政治的意味空間、「横からの入力」といった概念は、いずれも八七年五月に公刊された『いま政治になにが可能か』（佐々木　一九八七）のキーワードになる。

『いま政治になにが可能か』は、後年の佐々木の回顧によれば、「日本の野党ではなくアメリカが日本政治のテーマを設定し、自民党が右往左往する時代でした。……なんだかんだと問題を持ち込むアメリカが野党機能を果たしているという変な仕組みではないかというのが目の付けどころ」の著作であった。彼は同書で「中選挙区制批判をして、選挙を含む政治制度改革論議を始めたという記憶があります」とも振り返っているが、この著作における中選挙区制への直接的批判は意外なほど限られている。この点は、前著である『保守化と政治的意味空間』において中選挙区制批判が正面からなされていることと、好対照をなすとさえいえる。

むしろ、繰り返し指摘されているのは利益誘導政治による「政治的意味空間」の分断あるいは著しい機能不全であり、利益誘導政治の隆盛を導いた要因としては「経済の高度成長」と「財政の中央集権的体制」が挙げられている。おそらく、自民党政権批判を主眼にしていた一九八〇年代前半から思考を深め、自民党政権そのものが戦後の社会経済のあり方や人々の考え方の帰結であり、それを包括的に変革する必要があるという認識に至ったことが影響しているものと思われる。つまり、選挙制度改革のみを唱えると問題がかえって矮小化されてしまうと、佐々木は考えたのではないだろうか。

『いま政治になにが可能か』が広く読まれ、吉野作造賞を受賞したことは、同書で佐々木が提示した現状や課題についての認識が多くの人々に受け入れられたことを意味していた。一九八〇年代後半は、いわゆる論壇の衰退や「教養主義の没落」はすでに常識になりつつある時期であった(竹内 二〇〇三、福間 二〇二二)。それでもなお、エリート層が接触する媒体は今日とは比較にならないほど限定的であり、かつエリート層の言説がマスメディアを通じて市井へと広がる程度も現在とは大きく異なっていた。この本は改革の時代の扉を開いたのである。

佐々木は一九八九年に第八次選挙制度審議会に加わる。当時四七歳で、最年少のメンバーであった。選挙制度審議会は独自の設置法を持つ総理府(現在は内閣府)の審議会で、首相からの諮問を受けた事柄を検討する。第八次の場合は竹下首相から「選挙制度及び政治資金制度の抜本的改革のための方策」について諮問されていた。審議会には憲法学の佐藤功や政治学の堀江湛など、佐々木よりもシニアで、かつ選挙制度そのものについては熟知するメンバーが加わっていた。彼が区割り案作成など細部にまで関与したことは間違いないが、どちらかといえば、具体的な制度設計よりも改革の必要性や意義を包括的に論じることが期待されていたのであろう。

審議会答申に基づく選挙制度改革案が海部内閣期の一九九一年に一度廃案になると、九二年には佐々木ら「審議会の有志で」民間政治臨調（政治改革推進協議会）が結成される。民間政治臨調とその後継組織である二一世紀臨調は、経済界や言論界から広く人材を集め、選挙制度改革に始まる一連の政治改革に大きく貢献するが、彼はほぼ常にその中心にいた。それに並行するように、『いま政治になにが可能か』の続篇あるいは応用篇に当たるような現代日本政治論を、この時期の佐々木は次々と公刊する。具体的には、八九年の『自民党は再生できるのか』（佐々木 一九八九）、九一年の『政治に何ができるか』（佐々木 一九九一）、九二年の『政治はどこへ向かうのか』（佐々木 一九九二）、そして九五年の『政治家の条件』（佐々木 一九九五）などである。これらの著作においては、基本的な課題認識は『いま政治になにが可能か』と共通しつつ、対応策としての政治制度改革というスタンスがより明確になっている。

その後、一九九八年に東大大学院法学政治学研究科長（法学部長）、さらに二〇〇一年には東大総長に就任したこともあり、佐々木の活動の軸足は次第に大学や学術に回帰したように思われる。時論もなくなったわけではなく、小泉政権期には首相の私的諮問機関「首相公選を考える懇談会」に加わったほか、二一世紀臨調など政治改革推進組織への関与も続いていた。政治改革期の証言や記録を残すことを目的とした編著も数冊出版している。しかし、まとまった著作としては九八年に『プラトンの呪縛』（佐々木 一九九八）、二〇〇七年に『民主主義という不思議な仕組み』（佐々木 二〇〇七）、一二年に『政治の精神』（佐々木 二〇〇九）など、理念や原理を扱うものが再び多くなった。なお、佐々木は二〇〇五年に学習院大学法学部教授となり、一三年まで務めたが、この時期以降には多くの栄典を受けている。列挙しておけば、紫綬褒章（〇五年）、日本学士院会員（一一年）、文化功労者（一五年）、文化勲章（一九年）である。二一年からは日本学士院長も務めている。

（2）以下、経歴に関する叙述の多くは同書によるが、新聞連載を元にした短い著作で事後的な確認が容易なこともあり、直接引用の場合にも頁数は省略する。
（3）なお、ここでいう助手は現在の職位でいうと助教に当たる。後出の助教授は准教授に当たる。

二　関心——秩序・権力・政治術と政治的意味空間

佐々木毅の思考は、ここまでやや長く述べてきた研究者としての経歴、および彼が生きてきた時代と密接に関係している。主要著作からの直接引用を交えつつ、その骨格を明らかにしていくことにしたい。

まず、初期のマキアヴェッリ研究から見られるのが、人間が作り出す秩序と、その秩序を支える権力への関心である。佐々木は『マキアヴェッリの政治思想』において、マキアヴェッリが権謀術数を説いた人物という俗説はもちろん、技術的合理性のみを重視しているという見解も退ける。マキアヴェッリはルネサンス期の哲学の文脈に置かれるべき人物なのである。佐々木が「問題の中心は原理的に可能な「政治観」」であり、「彼の哲学はその感性的人間像とその自由や作為の特質とを通じて、秩序問題への新しい展望の可能性を示す」、そして「ルネッサンス哲学の世俗主義に付き纏うこのような「秩序」の自明性は、マキアヴェッリの人間像において今や全くその存在根拠を喪失した」（佐々木　一九七〇：一三、九五）と論じるとき、彼のなかには後年まで続く政治への視角がすでに形成されていることが分かる。

だとすれば、何が秩序を作り出すのか。マキアヴェッリの人間像、すなわち「情念に基づく反普遍主義＝「主観」の論理の貫徹」という「個人主義」のもとでは「共通の価値・理念への託身が全く存在しない状況において人間を秩序づける方途は「より大きな力 maggiore forza」による、物理的強制にのみ求められる」ことになる。もちろんここでの物理的強制とは暴力に限らず、現代政治学の語彙を使えば、何らかの資源に依拠した影響力行使ということになろう。だがいずれにしても、そこには「普遍的原理への相互拘束を前提とする本来の意味での「秩序」は遂に成立し得ず、たかだが「秩序らしさ」が発生するに過ぎない」。このような「秩序らしさ」に支えられた政治体制が、マキアヴェッリの論じる》stato《であり、》公《権力なのだと佐々木は指摘する（佐々木　一九七〇：九六〜一〇一）。

社会の構成員が共通善のために自発的に行動することが想定できず、権力行使やその威嚇によって「秩序らしさ」が成立する。それこそが近代政治思想の中核的要素であるという佐々木の認識は、『主権・抵抗権・寛容』におけるボダンの主権論の検討にも見られる。ボダンの「主権像は私がかつてマキアヴェッリ研究の中で解明した》stato《の世界に酷似していた……即ち、主権者とは estat（それはstatoに相当する）の持主であり、この estat の獲得にとって決定的要素は「力 force」であった」（佐々木 一九七三：三〇二）。何が正しいかを誰かが教えてくれるわけではない、共通善が失われた世界は「イデオロギー過剰」から脱却する世界に重なるはずだが、そこでは権力行使によって擬似的であれ秩序を回復させるしかないのである。

だとすれば、権力を握る者以外は抑圧されるに過ぎない存在なのだろうか。その上でなお、人々が自由に生きられる》republica《すなわち共和政を成り立たせる余地はあるのだろうか。佐々木は、ここでも強制的な契機が働かざるをえないのだと指摘する。すなわち「「共和国」の構成員へと感性的人間を教育する手段もまた「力」を除いては考えられず」、その力を行使するのが、権威を独占する君主が想定されるところの「立法者 ordinatori di leggi」だというのである（佐々木 一九七〇：一七〇）。

もちろん、そのような「立法者」がむき出しの物理的強制力のみに依拠すると考えるのは、あまりにも非現実的あるいは戯画化されすぎた権力像であろう。ここに、佐々木がとりわけプラトン研究以降に強調するようになる「政治術」の存在意義がある。「政治術」とは古代ギリシャ語の「ポリティケー」を指すが、それは「ポリスに対する配慮」あるいは包括的知識であり、より具体的には勇気と節制というポリスの二大卓越性を友愛と親和性の絆で結びつけ、「ポリスを統治しながらあらゆる幸福において欠けるところのない状態を実現する」技術だと定義される。現代的に言い換えれば、個々人の自由な幸福追求を保障するという意味での公益を追求する技術である。そして、「支配者がポリティケーという知識を有しているか、知性と技術、又は徳と知識とに従って人々の間に正義を実現できる支配者が存在するか否か」が国制の当否を定めるのである（佐々木　一九八四ａ：二七〇〜二七六）。

誰もが自発的に従い、追求するような共通善あるいは普遍的真理の存在を前提としない限り、人々が自由に生きられ、かつ安定した社会生活を送れるようになるためには、政治家による権力行使が不可欠であること、しかし権力行使はむき出しの強制としてではなく、社会全体とその個々の構成員への配慮の集成である政治術によって支えられるべきものであること——これが佐々木の根本にある政治観であるといえるだろう。彼は政治を「自由人からなる一つの共同体のなかでの公共的利益にかかわる権力をともなった、多元的主体の活動」と定義し、「政治は人間が人間を支配しつつ、この「変わりうるもの」の運命を自分で背負う……危険であるとともに希望に満ちた、真剣な事業」だと述べる（佐々木　一九八七：九二、九六）。そのとき、彼にとって秩序・権力・政治術はいわば一つのセットになっているのだと考えられる。

そして、五五年体制の爛熟期であった一九八〇年代の日本政治には、このような定義を充足する本来的意味の「政治」が存在しない、というのが佐々木の現状認識であった。なぜそうなってしまうのだろうか。ここで鍵となるもう一つの概念が登場する。「政治的意味空間」である。この概念を適切に理解するには、政治術と民主主義体制の関係を考えておかねばならない。

古代ギリシャの中心都市であったアテナイは民主主義（民主政）であったとしばしば言われ、それは誤りではないが、近代の民主主義体制とは大きな違いがある。また、佐々木が政治術の概念を引き出したプラトンは、アテナイの哲学者であるとはいえ、いわゆる哲人王の構想に代表されるようにエリート支配を重視しており、民主政の改革そのものに大きな関心があったとはいえない。また、マキアヴェッリもボダンも、政治参加の範囲が拡大する時期よりも遥かに遡る時代の人物であった。彼らの思想から導かれる政治観を現代政治に直接に適用することはできないのである。

ここに有権者としての一般市民の役割が登場する。ある社会のなかに暮らし、その社会の安定が保たれており、そこで自由に幸福を追求できる存在としての一般市民は、政治あるいは統治にとっての客体であって、自ら権力や秩序を作り出す存在ではない。客体であった一般市民を主体へと転化するのが民主主義である。「民主政治の理想は市民すべてが政治術の担い手たることにあり、政治的平等の大原則の陰で惰眠をむさぼることにあるのではない。従って政治術の担い手たる（たらんとする）人々の間の競争を通して市民が政治的に覚醒し、そのことが政治術の担い手に対する市民の正しい判断を可能にするような形で、いわば螺旋状に互いにその政治的判断力を高めていくこと」が求められる（佐々木 一九八七：一〇三）。

つまり、政治権力を獲得し、行使しようとする統治エリートが、その政治術の構想や実績をめぐって競争し、それを一般市民（マス）が適切に評価することによって、「政治術と民主政治の仕組みとの有機的な連動」が生まれる。その連動が生じるのが「政治的意味空間」である。佐々木によれば、政治的意味空間とは「政治社会の全体と各部分のあり方について、主として政治家集団やその周辺から国民に送られるメッセージを軸に形成される世界」であり、「ここで政治家は、「政治社会全体に配慮する技術」としての政治術の精華を注ぎ込む」一方で「茫漠たる意識状態にある国民を政治の世界に引き上げ、政治化する」ことになる（佐々木　一九八七：一〇三、一〇五～一〇六）。もちろん、そこにいるのは政治家と一般市民だけではない。政治的意味空間を活性化するには、政治家のメッセージの伝達や批判、見落とされている課題の指摘などを行なうマスメディアの役割も大きい。

日本政治の最大の問題は、このような存在であるはずの政治的意味空間が機能不全に陥っていることである。では、なぜ機能不全に陥ってしまうのか。

佐々木はまず、一般論として政治的意味空間の限界を指摘する。すなわち「政治的意味空間が問答と議論の開かれた場に諸問題を引き上げようとするのに対し、いわば人間行動の重力というべきもの――習慣と眼前の利益――にしがみつき、あくまで地面にはいつくばることを試みる」。そこに現代の物質主義と私益最優先という個人主義が結びつくとき、「公共精神の解体」が生じる。実際のところ、国際比較調査からは、日本の若者が経済的に豊かになることを重視しつつ、社会に不満を持っても積極的行動はとらないという姿が浮かび上がる。それはアルバート・ハーシュマンの用語を使えば「発言」より「退場」を優先させることに他ならない。(4) だが、「政治社会が自由を守り、自己改革を進めていくためには「退場」にとどまらない「発言」を必要とする。そして「発言」というオプションは……公共精神によって支えられている。いうまでもなく政治的意味空間と公共精神とは不可分の関係にある」（佐々木　一九八七：一一〇〜一一七）。

有権者側の公共精神の弱まりは、政治家・政党側の選挙至上主義および個別利益誘導重視と深く結びついている。地元や業界の「面倒」ばかりを見るとき、「政治社会全体に配慮するという政治術には登場の余地がなく、国民全体をまき込む形で争点が形成されることはない。政治的意味空間の分断が全体の構造原理なのである。……自民党政権のしたたかさは、それが政治的意味空間の分断に依存していたことと表裏一体の関係にある。……自民党政権の「安定」や「柔軟さ」のみを強調するのは、あまりにその政治的コストを無視した見方だといわざるをえない」（佐々木　一九八七：一五三〜一五五）。

『いま政治になにが可能か』が公刊された一九八〇年代後半において、政治的意味空間の機能不全から生じる「政治的コスト」が最も明瞭だったのが、日米経済摩擦への対応であった。海外諸国からの要求すなわち外圧が日本の政策選択に影響を与える事例は、古くは一九六〇年代の日米繊維摩擦や七〇年代の「景気機関車論」などにも見られたが、八〇年代に入るとその傾向はさらに強まり、中国・韓国との教科書問題なども起こっていた。しかし、とりわけ深刻であったのは日本の巨額の貿易黒字を伴ったアメリカとの経済摩擦であり、プラザ合意以降の急速な円ドル為替レートの調整、関税の引き下げ、さらには国内の規制改革や内需拡大などの構造調整がテーマになりつつあった。佐々木が八〇年代前半のアメリカで研究した保守派の政策論が日米関係に大きな影響を与え始めており、それは部分的な対応で済む一時的要求でないことは明らかであった。アメリカからの踏み込んだ対日要求の強まりを、佐々木は「内政干渉の構造化」であると指摘するとともに、そのような「横からの入力」がなければ、自民党政権は国内の特定業界や地域に不利益をもたらす政策が展開できない状態にあると論じた。今日、当時の中曽根康弘政権は国際協調を推進する方向での首相のリーダーシップが目立った政権だと評価されることが多い（服部二〇一五）。その意味では、同時代の佐々木の見解はやや厳しすぎ、自民党の弱点を過度に強調している感は拭えない。だが、より長い目で見れば五五年体制がその耐用年数を過ぎつつあったことは間違いなかった。彼の「自民党支配の存続にもかかわらず……日本の内外の状況の激変は誰の目にも明らかである。……戦後史の中で、国民生活にとって最大と思われるこの変動期が必要としているのは新しい「大政治」である。……バラバラの形の中政治、小政治で処理できるほど、事態はしかく単純ではない」（佐々木　一九八七：七〇～七一）という見解は、一九八九年の冷戦終結後にいっそう妥当性を高めることになった。

ここまで論じてきたように、佐々木の政治観は、宗教的な共通善という「正解」とそれに基づく秩序が自明でなくなった時代における政治思想の研究から出発しつつ、個々人の自由な幸福追求と社会秩序の形成や安定を両立させる契機として、政治権力を積極的に評価するところに特徴があった。しかし、それは赤裸々な物理的暴力といった手段による権力行使ではなく、社会全体を見渡して中庸を実現させる政治術に基づくものであるべきだと考えられた。そして、現代の民主主義体制のもとでの政治術とは、政治家や政党（統治エリート）と有権者の間の有機的な連関あるいは相互作用によって成り立つ政治的意味空間が適切に機能することで、初めて意味を持ちうる。ところが、五五年体制末期の日本政治の場合には、統治エリートも有権者も狭小な私益追求に専念してしまっており、政治的意味空間が分断され、機能不全に陥っていた。それを実質的に代替するのが、アメリカなど諸外国からの圧力すなわち「横からの入力」なのであった。

日本は壊滅的な敗戦から立ち上がり、経済的には先進国の仲間入りを遂げ、それに伴って社会も相応の豊かさを手にした。人々も自由に暮らしている。だが、政治がこのような状況では喫緊の課題に対応し、将来にわたって現在の安定を継続することはできないのではないか。自由民主主義体制であることを大前提にしながら、日本政治は改革されねばならない。その具体的な方策はどのようなものなのか。節を改めて、政治改革と佐々木の関係を検討していくことにしよう。

（4）佐々木はハーシュマンの『情念の政治経済学』を一九八五年に翻訳出版している。その際に、『離脱・発言・忠誠』の内容についても知るところがあったと考えられる。なお、富永（二〇二四）は、一九八〇年代の若者が脱政治的であったという通説的見解に疑問を呈する新たな視角を提示している。

三　改革――理念と制度

本書の序章〔待鳥〕でも述べたように、戦後日本が自由民主主義体制になったことを基本的に評価し、それを所与とした上で、内実における一層の合理化を図ろうとするのが、リベラル・モダニストと呼ぶべき人々である。追いつき型近代化の手段としての体制選択という観点が強調されるとき、自由民主主義体制の擁護者あるいは共産主義体制への対抗者として、自民党とその長期政権には高い評価が与えられることになる。おそらく、佐藤栄作政権期に山崎正和や高坂正堯と佐藤誠三郎らが協調できたのも、その文脈においてであろう。

しかし、すべてのリベラル・モダニストがこのような観点に立つわけではない。むしろ、時代が下るにつれて体制選択やイデオロギー対立は後景に退き、追いつき型近代化の終焉、さらには日米経済摩擦など自由主義陣営内部での対立や対日批判が強まってくると、リベラル・モダニストは自由民主主義をより合理化するための体制内改革を重視するようになる。そこでは自民党が持つ前近代的あるいは非合理的な要素は強い批判の対象とされる。

体制選択的な観点から体制内改革的な観点へと重点が移ったのは、大平研究会の終了後、中曽根政権期のリベラル・モダニストの雌伏の時代のことではなかったかと思われる。本書の第五章〔徳久〕や第六章〔青木〕で論じられているように、中曽根政権期に重用された香山健一らは多様な要素を持っており、リベラル・モダニストに位置づけられる部分もある。だが、中曽根政権期には日本の伝統を重視するやや異なった考え方に至っており、中曽根によりその点が評価されたがゆえの活躍だったと見るべきだろう。その間に、一九六〇年代半ばにリベラル・モダニストが政治過程に理念的影響力を持つようになった頃から活躍する人々に代わって、学界のみならず経済界や言論界を含む従来より幅広い分野から、新世代のリベラル・モダニストが登場してくるのである。

とりわけ経済界の人々が体制内改革論に関与し始めたことは重要であった。かつて反共産主義の立場から自民党政権を全面肯定していた経済界は、戦後の達成によって得た自信と、日米経済摩擦への対応などの経験を踏まえて、自由民主主義体制を維持しつつ自民党以外の政治勢力を支援する、あるいは自民党内の改革派を後押しすることになったのである[5]。それはすなわち、体制擁護と自民党支持の論理的な分離であり、リベラル・モダニストの視野に政党間競争が入ってくることを意味していた。

もっとも、経済界が体制内改革の具体的な方策を打ち出したわけではない。自民党が担ってきた政治のあり方を変えねばならないという課題認識を持ち、経済大国となった原動力である勢力として発言しやすい立場にあったとはいえ、何をどのように変えるのかについては、ビジネスに生きてきた人々が独力で構想を打ち出せるものではなかったからである。経済界が新自由主義に基づいて改革を主導したという見方もあるが、一九八〇年代末に改革機運が強まってきた当時、新自由主義は政府と市場の関係や福祉政策を変革する理念としてはともかく、政府内部の改革の具体案を導きうる理念とは認識されていなかったのである。

佐々木毅は、新世代のリベラル・モダニストの代表格であった。彼は自民党政権を手厳しく批判したが、その重点は社会経済的弱者を受益者とする政策が不十分だというところにはなかった。むしろ、今日では再分配政策としての性格があったと指摘される農村への利益誘導などを〈地元民主主義〉として、憲法第九条の制約を強調しつつ「商人国家」を志向する外交政策を〈一国民主主義〉として批判することが、その眼目であった。自由民主主義体制のもとで、有権者と政治家・政党が相互作用する政治的意味空間の機能を回復させ、政治術を伴った政治権力の行使を実現させることこそ、佐々木が目指したところである以上、そのような自民党政権批判になるのは当然のことだったといえる。それは明らかに、自由民主主義体制を合理化する改革への志向につながっていた。

ただし、本人の考え方とは別の問題として、佐々木が当初から本書にいうリベラル・モダニストと位置づけられていたわけではない。彼のキャリア初期の研究書は岩波書店から刊行されており、一九八〇年代に時論を公表し始めた際にも、その最初の媒体は『世界』や『思想』であって、論集の版元もやはり岩波書店であった。もちろんそこには編集者らとの人的関係も影響しているだろうが、リベラル・モダニストとしての自民党政権批判が、体制変革的要素を含む戦後啓蒙主義の文脈に置かれていた可能性を示唆する。だが実際には、福田歓一を指導教授とする近代西洋政治思想史の研究者として、東大法学部の戦後啓蒙主義的系譜の最も正統な継承者でありながら、当初から「イデオロギー過剰はそろそろ終わり」だと認識していたこと、さらには山崎や高坂など京大・関西系が強く中央公論社との関係が深かった、戦後第一世代リベラル・モダニストとほぼ人的つながりを持たない立場にあったことが、彼の大きな特徴であった。

では、改革としては何が考えられていたのであろうか。先にも述べたように、佐々木の政治改革に対する初期の考え方を示すのは『保守化と政治的意味空間』と『いま政治になにが可能か』である。だが、両者の間にはいくつかの重要な相違がある。一つには、『保守化と政治的意味空間』においては自民党政治の限界を論じることに重点が置かれているのに対して、『いま政治になにが可能か』では戦後日本の政治行政のより全体的な行き詰まりが分析されていることである。もう一つには、『保守化と政治的意味空間』に比べると『いま政治になにが可能か』では中選挙区制批判のウェイトが下がり、野党・経済界・有権者を含めた政治的意味空間の機能不全の指摘が中心になっていることである。

もちろん、両者の論旨が根本的に異なっているわけではなく、時論集である『保守化と政治的意味空間』に対して、既公表の時論をベースにしつつもまとまった著作として仕上げられた『いま政治になにが可能か』においては、より体系的な議論が可能になったための違いと見ることはできるだろう。

しかし、別の無視できない要素として、『保守化と政治的意味空間』の原型論文が公表された一九八〇年代前半から『いま政治になにが可能か』が公刊された八〇年代後半までの間に、日本型多元主義論が隆盛を迎えたことが指摘できる。日本型多元主義論は、七九年刊行の大嶽秀夫『戦後日本の政治権力経済権力』、八一年の村松岐夫『戦後日本の官僚制』を皮切りに当時の政治学界で注目された考え方である。そこでは、官僚や経済界などのパワーエリートが支配しているという理解から、自民党政治家やその支持層を含めた多元主義的政治過程の重視へと、日本政治像の転換が図られていた（大嶽　一九七九、村松　一九八一）。

佐々木は、とりわけ佐藤誠三郎・松崎哲久の『自民党政権』を強く意識したように思われる（佐々木・山口　二〇二四：七四〜八三）。同書においては、自民党の内部組織を実証的に解明する作業を通じて、派閥均衡や当選回数重視といった自民党国会議員のキャリアパスが示され、それらが選挙を通じた有権者の影響力行使や多元主義的政治過程の形成につながっていると論じられていた（佐藤・松崎　一九八六）。すでに見たように、政治的意味空間が政治家・政党と有権者の相互作用によって成立するのであれば、それは日本型多元主義論が見出す政治過程とどう異なるのか、日本型多元主義ではなぜいけないのか。自民党政治に対する批判にとどまらない、より広い目配りが必要だと考えられたのであろう。それは、佐々木の議論をより包括的な政治改革へと展開させる効果を持った。

このような認識の深化を経て、佐々木は改革の基本的方向性として「責任ある国際協調路線を担うためには、柔軟な政治構造を具えなければならない。政治的意味空間の活性化はこの柔軟な政治構造のための基礎である」ことをまず指摘する。それを妨げているのが、「「行政の集中」を前提にした「政治の行政化」」、すなわち戦前からの連続性を保持する行政官僚制が規制などの手法によって社会を統制し、日本が全体としては「日本株式会社」的な一体性を保つ一方で、政治家は公共事業の箇所づけや裁量行政を通じて「地元の面倒」「業界の面倒」を見るという構図であった。それを解体し「政治的意味空間が政治生活において持つウェイトを高め……それまでバラバラの形で分散的にあった事象をまとめ上げ、意味づける」という「政治の復権」そして「政治の集中」が求められる（佐々木　一九八七：一九七、二〇〇二、二〇〇五）。

そのために必要となるのが、「政治の集中」を目指した選挙制度改革であり、より具体的には比例代表制の導入によって「政党を政党らしく、政治家を政治家らしく」することと、「行政の分権」すなわち「政治社会全体において画一性、統一性の要素を必要最小限にとどめ、多様性、創造性を解放する」ことを通じた「地方政府と地域共同体の活性化」である（佐々木　一九八七：二〇七〜二〇九）。つまり、国政における比例代表制と地方分権改革の組み合わせこそが、佐々木の当初の改革構想であった。自民党国会議員と地元選挙区や支持団体・業界が固定的に結びつき、利益誘導政治が展開される一方で国際協調に必要な政策選択が妨げられているという認識から出発すれば、このような結論に至るのは不思議ではない。

今日の比較政治学の知見を前提にするならば、「政治の集中」を追求するために比例代表制を導入するという改革案は、いささか奇異に映る。比例代表制は社会の多様な人々や集団の利益表出を可能にするが、議院内閣制の場合にはほぼ確実に連立政権になり、政策決定には時間がかかるとともに現状維持的になりやすいという特徴を持つためである。政党といえども特定の集団や地域から集票する以上、政党を単位にした利益誘導政治もむろん存在し、比例代表制はそのような動きを誘発しやすい面がある。このような知見は世界的にも一九九〇年代以降に急速に蓄積されたもので、八〇年代後半の日本ではまだ十分に認識されていたとは考えづらい。おそらく第八次選挙制度審議会の時点でも「小選挙区制は二大政党制を、比例代表制は多党制を導く」というデュヴェルジェの法則が意識されていた程度であったと推測される。

佐々木は、選挙制度審議会や民間政治臨調での議論を通じて、比例代表制は「政党を政党らしく」するかもしれないが、それは「政治の集中」とは異なることを認識したのであろう。一九九一年に公刊された『政治に何ができるか』では、「政党を剛構造にし、内部的意思の集中を達成することは、政党政治で権力が一点に集中する傾向を促進することになる。……それはまた、官僚制などに対する政党の強化にもつながる。問題はそれをどのようにチェックするかである。唯一の道は他の政党が外からそれに挑戦し、政権をめぐる角逐を繰りひろげることによってである」と論じていた(佐々木 一九九一：一九七)。比較政治学の理論動向には詳しくなくとも、政治の考究を権力から始めた彼にとって、このような思考に至るのはごく当然の成り行きであったに違いない。

同じ時期に政治改革を唱道した山口二郎は、佐々木が民間政治臨調において大きな役割を果たしており、とりわけ一九九三年六月一四日に公表された「民間政治臨調改革大綱」の執筆に中心的役割を果たしたことを示唆する（山口　二〇二三：七五〜九六）。「民間政治改革大綱」は明確に「政権交代を可能にする二つの基軸政党をつくる必要がある」とされ、「ソフトな二大政党制」もしくは「二大政党ブロック制」の実現を目指すと述べ、そのための方策として「中選挙区単記制を廃止し、小選挙区制と比例代表制を組み合わせた選挙制度」の導入が提唱されていた。ただし、両者の組み合わせ方としては連用制を推奨しており、最終的に導入された並立制は「小選挙区における得票率と議席率の乖離の補正効果において不十分」、ドイツが採用する併用制は「小党分立の可能性が高く、またわが国の現状では超過議席が多く発生する難点もある」としていた。

さらに、行政改革や国会改革、地方分権改革も提唱していることが「民間政治改革大綱」の特徴である。その細部には立ち入らないが、総論として「永田町・霞ヶ関の解体再編成」が謳われ、「政治制度の諸改革も政権の交代も、すべては「権力・政策・責任」の一体性の確保によって政治の力を高め、あるいはその容量を大きくすることに帰着する」という見解が示されているのは、先に述べた佐々木の視野の広がりをよく示しているといえる。そして、「佐々木の認識は、「民間政治改革大綱」に尽きている」（山口　二〇二三：九三）という山口の指摘はおそらく正しい。

民間政治臨調が行なった論点提起と具体的な制度改革案は、その後の選挙制度改革・行政改革・地方分権改革などに際して多くが取り入れられた。若手政治家が参加していたとはいえ、基本的には経済界・労働界・言論界・学界などの有志が参加して活動した組織としては、空前の影響を与えたということができよう。その意味で佐々木は、一九九〇年代から二〇〇〇年代初頭にかけての政治改革の基本構図を描いた中心人物だったのである。

その一方で、選挙制度改革以後の佐々木自身の関心は具体的な制度から離れ、再び理念や原理から政治を考えることへと回帰したように思われる。行政改革には佐藤幸治や藤田宙靖、地方分権改革には西尾勝など、個別分野に通じた専門家の参画が得られたこともあったのかもしれないが、彼の主たる関心はやはり政党政治の構造変革に向けられており、それ以外の改革は「政治の集中」すなわち政党政治の変化から、演繹的に導きうると考えていたのではないだろうか。回顧録『知の創造を糧にして』での政治改革に関連したテーマとしては、選挙制度改革の後には「首相公選制を考える懇談会」の座長就任のみをとりあげているのは、紙幅の制約というよりも彼の考え方の反映であったのだろう。

著作においても、一九九五年の『政治家の条件』(佐々木 一九九五)では「マキアヴェッリ流日本政治論」に一章が割り振られており、九八年には「二〇世紀の哲学と政治」という副題のついた『プラトンの呪縛』(佐々木 一九九八)を公刊するなど、思想やマクロな政治潮流のなかに現代政治を位置づけようとする試みが目立つようになる。佐々木は八〇年代後半から東大法学部において「政治学」という専門科目を担当していたが、その内容を踏まえた概説書『政治学講義』を九九年に公刊した。そこでは、政治的意味空間に言及しながら「何よりも今日において政治判断にとって必要な条件と枠組みは何かを探ること」、「それは具体的な状況においてどう判断すべきかを予め示すものではなく、判断が準拠すべき大枠を問題にする」ことが政治学を学ぶ意義だという立場が表明されている（佐々木 一九九九：四）。彼はあくまで思想史家であった。

本章冒頭の問いに戻れば、この点にこそ「思想史家がなぜ制度変革を支えたのか」への答えがあるのだろう。佐々木が政治制度そのものの研究者だったならば、改革における「なぜ」、すなわち何のために制度を変えねばならないのか、そもそも政治が変わらねばならない理由は何なのかについて、原理や理念、あるいはマクロな秩序観に依拠した答えを与えることはできなかったであろう。そのような答えが得られたことにより、多くの政治家や官僚、さらには経済人やジャーナリストの賛同を得て、政治改革のような大きな動きを作り出すことができた。彼が思想史家であったことは、制度変革としての政治改革を実現する鍵だったのである。

他方で、佐々木が最も大きな役割を果たした選挙制度改革は、彼の理想とは大きく乖離した帰結をもたらしたという批判はありうる。権力の集中、政策次元における個別利益配分に対する全体合理性の優越、そして政権交代による説明責任の確保のうち、実現したのは権力の集中のみであったとの指摘は、近年特に目立つ。二〇一二年以降、政権交代が起こっていない理由は単純ではないが、改革時点での超党派合意を重視しすぎた結果、小選挙区比例代表並立制の複雑な挙動を十分理解しないまま変革に踏みきったとはいえるだろう。

また、思想史家である佐々木は、理念やマクロな時代認識から具体的な制度変革を構想するという縦の流れには強みを発揮したが、制度相互間の連動という横のつながりへの意識が弱くなったことも否定できない。それは、選挙制度改革と行政改革のように連動性が明確な場合には大きな問題とはならないが、地方分権改革が「政治の集中」とどう結びつくのか、中央銀行制度や司法制度をどう考えるべきなのか、制度変革の結果として別の課題が生じた領域も多い。

これらは、六〇年安保から八〇年代日本の自信過剰まで、ずっと「宴」の外に立ってきた佐々木が、政治改革という「宴」に加わってしまったがゆえの失敗だと評価することも可能かもしれない。しかし、いかに優れていても一人の人物が大規模な制度変革のすべてを担うことはできないのであって、制度そのものの専門家の力量の問題であったように思われる。少なくとも、彼とは異なる視点から改革の全体像を考え、彼と車の両輪になって事に当たる役回りを、同時代の誰かが引き受けるべきであったのであろう。

（5）野口（二〇二三：一三九〜二〇六）は、一九八〇年代の経営者としての経験が選挙制度改革の推進へと転じたことを、亀井正夫に注目しながら論じている。

参照文献

※本章で言及した佐々木毅の著書
佐々木毅（一九七〇）『マキャヴェッリの政治思想』岩波書店。
――（一九七三）『主権・抵抗権・寛容――ジャン・ボダンの国家哲学』岩波書店。
――（一九八四ａ）『プラトンと政治』東京大学出版会。
――（一九八四ｂ）『現代アメリカの保守主義』岩波書店。

――（一九八六）『保守化と政治的意味空間――日本とアメリカを考える』岩波書店。

――（一九八七）『いま政治になにが可能か――政治的意味空間の再生のために』中公新書。

――（一九八九）『自民党は再生できるのか』日本経済新聞社。

――（一九九一）『政治に何ができるか』講談社。

――（一九九二）『政治はどこへ向かうのか』中公新書。

――（一九九五）『政治家の条件』講談社。

――（一九九八）『プラトンの呪縛――二〇世紀の哲学と政治』講談社。

――（一九九九）『政治学講義』東京大学出版会。

――（二〇〇七）『民主主義という不思議な仕組み』ちくまプリマー新書。

――（二〇〇九）『政治の精神』岩波新書。

――（二〇一七）『知の創造を糧として』さきがけ新書。

――・山口二郎（二〇二四）「九〇年代政治改革とは何だったのか」『世界』三月号。

※佐々木毅以外の著作
大嶽秀夫（一九七九）『現代日本の政治権力経済権力』三一書房。

佐々木雄一（二〇二二）「一九九〇年代におけるリーダーシップ待望論の諸相」前田亮介（編）『戦後日本の学知と想像力――「政治学を呼び破った」先に』吉田書店。

佐藤誠三郎・松崎哲久（一九八六）『自民党政権』中央公論社。

竹内　洋（二〇〇三）『教養主義の没落――変わりゆくエリート学生文化』中公新書。

富永京子（二〇二四）『「ビックリハウス」と政治関心の戦後史――サブカルチャー誌がつくった若者共同体』晶文社。

中野晃一（二〇一五）『右傾化する日本政治』岩波新書。

野口侑太郎（二〇二三）「経済構造調整問題から「政治改革」へ――「財界」における亀井正夫の二つの顔
一九七四―一九八八」『法政論集』（名古屋大学）三〇〇号。

服部龍二（二〇一五）『中曽根康弘』中公新書。

福間良明（二〇二二）『司馬遼太郎の時代――歴史と大衆教養主義』中公新書。

待鳥聡史（二〇二〇）『政治改革再考――変貌を遂げた国家の軌跡』新潮選書。

村松岐夫（一九八一）『戦後日本の官僚制』東洋経済新報社。

山口二郎（二〇二三）『民主主義へのオデッセイ――私の同時代政治史』岩波書店。

終章　リベラル・モダニストが残したもの

宇野　重規

一　本書のねらい

二　リベラル・モダニストとは誰か

三　リベラル・モダニズムの両義性

四　リベラル・モダニズムの「その後」

五　リベラル・モダニズムをどのように評価するか

一　本書のねらい

本書は近代日本におけるリベラル・モダニズムの系譜を再確認する、極めて挑戦的な共同研究の成果である。そもそもリベラル・モダニズムとは何か、近代日本にそのような名称で呼ぶにふさわしい知識人や言論人が存在したのか。存在したとしても、誰がリベラル・モダニストで、誰はそうでないのか。リベラル・モダニストたちはいったい何を成し遂げ、その後に何を残したのか。さらに今日の視点に立つとき、リベラル・モダニズムは再評価すべき対象なのか、むしろ乗り越えるべき存在なのか。

本書の企てが成功したか否かについては読者の判断を待つしかないが、本を締めくくるにあたって、以上の問いについて考察し、その上で、本書で論じることができたこと、できなかったことを確認しておきたい。

まずリベラル・モダニストの定義である。本書の序章において、共編者の待鳥聡史は、近代日本における精神的・社会的近代化への態度として、これに肯定的な「近代主義」と、否定的な「伝統主義」を区別している。このうちの近代主義について待鳥はさらに、「急進的」で「体制変革志向」の「マルクス主義」と、「漸進的」で「体制内改革志向」の「自由主義」を指摘する。この「自由主義」が本書でいう「リベラル・モダニズム」ということとなる。

近代日本において自由主義の系譜を確認することは決して容易ではない（宇野 二〇二三）。思想史家の武田清子が指摘するように、何人かの傑出したリベラリストが存在するものの、彼らの存在はあたかも「稜線」のようであり、自由主義の政治勢力が幅広い裾野として存在したわけではないからである（武田 一九八七）。特に戦前については、福沢諭吉、石橋湛山、清沢洌、あるいは河合栄治郎らの名前を挙げることができるのに対し、戦後についてはこの人物こそがリベラリストであると特定することすら容易でない。

さらに、冷戦が進行するなか、資本主義と社会主義の体制選択が主題となり、「保守」や「反動」に対峙するのは、もっぱら社会主義などの「革新」勢力と見なされるようになる。「保守」と「革新」の対立によって展開された戦後思想において、リベラリズムはその居場所を失うことになった。確かに戦前以来のリベラリストのうち何人かは戦後も活躍し、「オールド・リベラル」と呼ばれたが、彼らを継承する次の世代、いわば「オールド・リベラル」に代わる「ニュー・リベラル」と呼ぶべき人々がいたかといえば、疑問が残る。

このような現状に対し、本書が示すのは次の仮説である。すなわち、特に高度経済成長が進んだ一九六〇年代以降、そのような戦後日本社会の達成を前提に、「戦後の自由民主主義を基本的に評価しつつ、その一層の合理化を図ろうとする立場」が出現したのではないか。もちろん、そのような立場が一枚岩的な勢力として存在したというわけではない。それでも、戦後の政治・経済体制を基本的に肯定しつつ、そのさらなる変革を目指した人々がいたのではないか。変革といっても急進的変革や革命ではなく、むしろ漸進的な制度改革による体制内改革を志向した人々がいたのではないか。このような人々を指してリベラル・モダニストと呼ぶならば、そのカテゴリに入りうる何人かの知識人や言論人の名前を確実に指摘できるだろう。このような見通しに立って、本書の企画はスタートした。

二　リベラル・モダニストとは誰か

本書ではまず、第一章でオールド・リベラルの代表格としての和辻哲郎がとりあげられる。「開国」をめぐって和辻と丸山眞男、小林秀雄の三者を比較して論じる苅部直の論考は、「冷戦構造と階級対立の単純な図式によっては割り切れない、複雑で不定形なもの」となった一九六〇年代以降の日本の社会運動や思想の状況を暗示して終わっている。このように、単純なイデオロギー対立の図式では語りえない新たな議論の状況こそ、リベラル・モダニストたちが活躍する前提条件となった。彼らはこのような新しい状況を言語化すべく、多様な言論活動を開始したのである。

第二章で論じられる永井陽之助もまた、左右の図式では論じにくい人物である。国際政治学者としての永井はしばしば「現実主義者」と呼ばれたが、日米同盟主義者でありかつ改憲論者である一方、日本の軍事大国化や核武装には明確に反対した。その意味で、彼は「保守」とも「革新」とも共通するものを持ちつつ、同時にそのいずれとも対立した。新たな科学技術論に通じ、情報社会論にもいち早く着目した永井は、同時代において、極めて位置づけの難しい人物であった。しかしながら、本書の視座からすれば、永井は間違いなく、その後に続くリベラル・モダニストたちの先駆者として理解できる。

本書で、リベラル・モダニストとして中心的に論じられるのは、黒川紀章（第三章〔山本〕、第五章〔徳久〕）、村上泰亮（第四章〔宇野〕、第五章〔徳久〕）、山崎正和（第四章〔宇野〕、第五章〔徳久〕）、香山健一（第五章〔徳久〕、第六章〔青木〕）らである。彼らはいずれも一九三一〜三四年に生まれており、ほぼ同世代に属する人々である。いずれも敗戦時には成人しておらず、幼少期に戦争を経験し、戦後復興期に青年期を過ごした世代である。知識人としての活躍を開始したのは、経済成長期である一九六〇年代以降である。建築家、経済学者、戯曲家・評論家、社会学者と活躍したジャンルは様々だが、狭い意味での専門領域を超えた幅広い活躍と言論活動を展開した人々であった（これに対し、第七章〔待鳥〕で検討する佐々木毅は一九四二年生まれである。世代においても言論活動のスタイルにおいても、それ以前の人物とはやや異なった特徴を有している。この点については後述する）。

もちろん、これらの人々は多様であり、活躍した舞台、価値観、思考法や表現のスタイルもそれぞれに異なる。政治的立場も必ずしも同じではない。にもかかわらず、彼らにはどこか共通したところがあるようにも思われる。

何よりもまず、戦後日本において形成された社会のあり方を、自分なりのやり方でオリジナルに表現しようとした点において彼らは共通する。その場合に論じようとしたのは、国家や階級ではない。少なくともそれが主眼ではない。同時代的には「市民社会」や「大衆社会」と呼ばれた社会のことを、彼らはそれとは異なる、より繊細なスタイルで表現しようとした。それは「メタボリズム」であったり、「新中間大衆」であったり、「柔らかい個人主義」であったり、あるいは「田園都市」などであった。

これらの概念の多くはあまりにオリジナルであって、必ずしもその後に継承されたわけではないが、今日見てもなお、独特の魅力とそれゆえのあやしさ（?）を感じさせてくれる。それでも、そこには一定の人間観、歴史観、文明論がこめられており、同時代の日本社会を幅広い視野から、巨視的に捉えようとする志向が等しく見られた。彼らの議論の持つ射程の広さは、その後の日本社会の言論において失われたものといえるだろう。

彼らがしばしば好んで用いたのが「やわらかい」という言葉であるのが象徴的である。そこには国家や階級をめぐる支配的な言説の硬直性をすり抜けて、より柔軟で可塑的、そして流動的な社会のあり方を論じようとするねらいが託されている。前提とする人間像は個人主義的であるが、その場合もより多様な趣味、嗜好、価値観に開かれた個人像が強調された。しばしばキーワードになったのが「消費」であり、「余暇」（ホモ・ルーデンス!）であったように、高度経済成長を経て脱工業化社会へと移行する日本社会にふさわしい、新たな人間のあり方が模索されたといえるだろう。第三章で山本が指摘しているように、彼らは「移動・個人・自由・選択・情報・多様性」などの価値を強調した。彼らが示したのはまさに〈やわらかい近代〉の人間像であった。

結果として、リベラル・モダニストたちの言説は、概して明るく、楽観的であった。そのことは、彼らの多くが科学技術の発展に対し好意的であり、しばしば未来主義的な志向を持ったこととも無縁ではない。とはいえ、後で触れるように、彼らの思考が完全に楽観的なものであったわけではなく、そこにはしばしば独特な悲観論や危機意識も散見された。そのような両義性は、高度経済成長を成し遂げた日本社会に対する肯定と、その達成が結果として自らを掘り崩すことへの不安から生じているようにも思えるが、そのようなアンバランスさは、しばしば彼らの文章を魅力的にした要因ともなっている。

彼らの多くが参加したのが、「大平総理の政策研究会」であるのも偶然ではないだろう。この研究会は大平正芳首相の肝煎りで始まったものであり、「田園都市構想」「文化の時代」など九つの研究会に分かれて活動した（宇野　二〇一四：一七二〜一八三）。明治以来の追いつき型近代の終焉を前提に、経済成長に代わる新たな国家的目標を模索した大平が、自ら参加して行なった研究会である。その運営の中心を担ったのは、大平にとっては息子の世代にあたる、まさにリベラル・モダニストたちであった。なかでも香山健一、山崎正和らが大きな役割をはたしたが、それは大平首相の問題意識に、彼らの文明論的構想が応えるものであったからにほかならない。都市と地方の二項対立に代わる「田園都市」の構想や、経済の時代に代わる「文化の時代」など、いかにもリベラル・モダニストらしい発想がそこに見られた。

三　リベラル・モダニズムの両義性

待鳥が指摘するように、リベラル・モダニストのうち、特に戦後第一世代の社会的活動のピークは一九七〇年代であった。一九八〇年の大平首相の急死によって研究会が終了して以降、香山健一らが引き続き中曽根康弘首相の政策形成に関わった以外、政治とは一定の距離を置くようになった人々が多い。

しかしながら、リベラル・モダニストたちの言説は、一九八〇年代以降、独特な社会的機能をはたすことになる。

すでに指摘したように、リベラル・モダニストたちの言説は今日的に見ると、明るく、楽観的に見えるが、敗戦による荒廃を少年時代に目撃した彼らは、戦後復興から高度経済成長にかけての日本社会の矛盾や混乱をリアルタイムで経験した世代でもある。その意味で、彼らの思考の出発点にあったのはむしろ独特な危機意識であったといえる。象徴的なのは香山健一であり、彼が執筆にあたって中心的な役割を果たした『日本の自殺』(グループ1984年　一九七六)は、繁栄のなかで精神的空洞化が進み、内からの文明解体の危機に瀕するローマ社会への言及から始まっている。リベラル・モダニストの多くもまた、経済成長の陰で日本社会が直面している精神的な空洞化に警鐘を鳴らしていた。

これに対し、「大平総理の政策研究会」の報告書の多くは、経済成長を成し遂げ、成熟社会へと変化しつつある日本社会の現状を肯定すると同時に、それを前提とした政策課題やその解決策を提示することに主眼を置いている。香山が執筆した箇所だけでも、「日本の自殺」とのトーンの違いは顕著である。もちろん、首相による諮問機関という組織のあり方によって規定された部分もあるはずだが、二度の石油危機に直面した一九七〇年代と、バブル経済へと向かう八〇年代の違いも少なからず影響を与えているように思える。時代の変化のなかで、リベラル・モダニストの思考の持つ「陰」の部分が後景に退き、むしろ「陽」の部分がさらに強調されたのが八〇年代であった。その意味で、彼らもまた時代の影響を免れなかったことになる。

香山たちのように、その後の政策形成に少なからぬ影響を及ぼしたリベラル・モダニストの評価にも両義性がつきまとう。

たとえば第五章で徳久が分析する家族政策がある。リベラル・モダニストのなかには、既出の「大平総理の政策研究会」に参加した人物が少なくないが、そこで論じられた主要なテーマの一つに家族があった。経済社会構造が変換するなか、新たな家族のあり方が議論され、「家族主義」と「家庭内分業」に基づく日本型福祉社会モデルと、より個人主義的・普遍主義的なモデルとが競って主張されたが、最終的に政策化されたのは前者であった。徳久は、「大平首相の政策研究会は、リベラリズム、リベラル・モダニズム、保守主義を含む幅広い人材を配置したことで、多様な意見を反映し、複数の政策選択肢を提供する一方で、制度化の段階では保守主義の立場を優先させたといえる」と総括する。その影響は世紀を跨ぎ、今日の政策論議にまで及んでいるだけに深刻である。

第六章で青木が論じる教育政策も同様である。香山は中曽根首相の臨時教育審議会（臨教審）の委員となり、「教育の自由化」論者として議論を主導した。臨教審答申の多くは直ちに実現せず、その限りでは失敗に終わったが、青木に言わせれば、明治における第一の教育改革が明治維新、戦後の第二の教育改革が占領による体制改革を背景としたように、体制改革を伴わない教育改革は困難である。「体制内改革」としての教育改革は失敗を運命づけられていたともいえる。にもかかわらず、「香山の教育改革のアイデアは伏流水のように現在に至るまで影響を及ぼしている」。文部科学省の実現や国立大学の法人化、競争や選択に重きを置いた「教育の自由化」、独特な能力主義や国際化の発想など、リベラル・モダニストとしての香山の発想は、その後の教育への経済自由主義的発想の導入へとつながっていった。

四　リベラル・モダニズムの「その後」

以上、確認したように、リベラル・モダニストの戦後第一世代の社会的活動のピークは一九七〇年代にあり、八〇年代以降大きく変質していったとすれば、それに代わり九〇年代以降の「平成の政治改革」において大きな役割を果したのが、第七章で待鳥が分析する政治学者の佐々木毅である。

佐々木のキャリアや思考法は、戦後第一世代のリベラル・モダニストたちとは大きく異なっているが、戦後の自由民主主義体制を前提に、「体制内改革」として改革や合理化を目指したという意味では、佐々木はまさしくリベラル・モダニストの戦後第二世代ということになる。待鳥が指摘するように、選挙制度改革、行政改革、日本銀行・大蔵省改革、司法制度改革、地方分権改革などの一連の改革が行なわれた九〇年代以降の時期は、明治維新、戦後改革に次ぐ、第三の巨大な制度改革期であった（待鳥 二〇二〇）。

マキアヴェッリ、ボダン、プラトンについての大著がある佐々木は西洋政治思想史の研究者であるが、やがて現代政治へと研究対象を広げていった。佐々木の『いま政治に何が可能か』（佐々木 一九八七）は、まさに改革の時代の幕開けを告げる著作となった。佐々木の問題意識は、利益誘導政治によってもたらされた「政治的意味空間」の機能不全にあった。有権者と政治家・政党が相互作用する政治的意味空間の機能を回復することを目指した佐々木の活躍の場は、やがて選挙制度改革をはじめとする本格的な政治改革へと広がっていった。

佐々木が目指したのは「政治の復権」、「政治の集中」であったが、これを実現するための選挙制度改革として、当初は比例代表制と地方分権改革の組み合わせを、のちには小選挙区制と比例代表制の組み合わせを提唱することになる。思想史家として「原理や理念、あるいはマクロな秩序観」を示すことによって、政治家や官僚、経済人やジャーナリストの賛同を得て、政治改革という大きな動きを作り出すことに成功した佐々木であるが、現実の選挙制度改革の帰結は、彼の理想とは大きく乖離したものではなかったかと問いかけて、待鳥は考察を終えている。

このようにリベラル・モダニストたちの企ては、一九七〇年代から八〇年代初頭にかけての第一の時期と、九〇年代から二一世紀にかけての第二の時期において、単に学問や言論の世界を超えた大きな社会的・政治的な影響力を持った。しかしながら、その理念と現実の間には常にずれが残り、目指したところが必ずしも実現しているとはいえない。彼らが知的に、あるいは政治的に格闘した問題の多くは今日なお、未解決なまま私たちに残されている。その意味では、冒頭で述べた「リベラル・モダニズムは再評価すべき対象なのか、むしろ乗り越えるべき存在なのか」という問いへの答えも、両義的なものにならざるをえないだろう。

五　リベラル・モダニズムをどのように評価するか

本書で検討したリベラル・モダニストたちは、戦後日本社会の達成を前提に、さらなる改革や合理化を目指した。その際も、単なる部分改良主義にとどまらず、より巨視的な人間論や文明論、歴史観や科学論を展開し、改革の見取り図（ビッグ・ピクチャー）を提示した。彼らの活動は学術や言論の領域の壁を越え、その言説は社会のより多様なアクターへと影響を及ぼした。彼らは自らを一知識人としての役割に限定せず、より大きな社会の設計者や指揮者たることを引き受けたともいえるだろう。その価値観の中核にあったのはリベラリズムであり、個人の自由の選択や判断を重視し、社会の柔軟さや流動性を高めることが目指された。このような個人からなる能動的で自律的な社会が、直面する危機を乗り越えていく機能を持つことが、リベラル・モダニストたちの理想であった。

これと比べるならば、今日のいわゆる「改革」の多くはあくまでピンポイント的であり、社会全体の構造を念頭に議論を展開するような視野の広さを欠いている。また日本社会自体が、そのような日本社会の根本的な改革をするだけの余裕を失っているともいえる。その一方、断片的な「改革」自体が自己目的化し、何を目指しているのかもわからず、その当事者にとって終わりなき苦行の連続のごとき「改革」に人々は疲れ切ってしまっている。このような私たちにとって、リベラル・モダニストの持つ議論のスケールの大きさや闊達さは極めて魅力的に映るだろう。また政治家や官僚のみならず、社会の多様なアクターと連携して改革を実現していく姿は、眩しくも見える。

反面、彼らの強調した「選択」や「多様性」、あるいは「柔軟性」の結果が、政治や教育に対する経済的自由主義の押しつけや、生活全般の不安定化や脆弱化に終わったことを知っている私たちは、その「明るさ」にむしろ戸惑いも感じる。さらに時に見え隠れする「性別役割分業」や「一国主義的発想」、あるいは「楽観的な科学主義・社会工学」などは、むしろ積極的に乗り越えるべき課題として映る。

はたして私たちはリベラル・モダニストが志向した「やわらかさ」を、現在社会に取り戻すことはできないのだろうか。世界が国家間の武力衝突や、格差拡大によって分断されるなか、国家でも階級でもない新たな社会の論じ方を模索した彼らの思考から学ぶものはないのか。そして気候変動や人口問題など、世界が直面する課題に対し、世界史的な視野を持ちつつ日本から独自の解決策を発信することは不可能なのか。これらの課題に応えるにあたって、リベラル・モダニストたちの仕事を、今一度読み直すことは無意味でないように思われる。

本書ではリベラル・モダニストのうち、ごく一部の人々しかとりあげることができなかった。けっして一枚岩とはいえないリベラル・モダニスト間の多様性を明らかにし、類型化することは今後の課題である。その意味で、本書はリベラル・モダニズムについての試論的な試みにとどまっていることを認めざるをえない。とはいえ、戦後日本社会の多様な言説のなかにリベラル・モダニズムの潮流を見出し、それが少なからぬ影響を同時代の政治や社会に及ぼしたことを確認することができたのは、一定の成果といえるのではないか。繰り返しになるが、それを判定するのは読者たちであって、私たちではない。これからもリベラル・モダニズムについての研究が続くことを願ってやまない。

参照文献

宇野重規（二〇一四）「鈍牛・哲人宰相と知識人たち――大平総理の政策研究会をめぐって」『アステイオン』

八一号。

――（二〇一八）「戦後保守主義の転換点としての一九七九～八〇年――大平報告書・再読」アンドルー・ゴードン・瀧井一博（編）『創発する日本へ――ポスト「失われた二〇年」のデッサン』弘文堂。

――（二〇二三）『日本の保守とリベラル――思考の座標軸を立て直す』中公選書。

グループ１９８４年（一九七六）『日本の自殺』ＰＨＰ研究所。

佐々木毅（一九八七）『いま政治になにが可能か――政治的意味空間の再生のために』中公新書。

武田清子（一九八七）『日本リベラリズムの稜線』岩波書店。

待鳥聡史（二〇二〇）『政治改革再考――変貌を遂げた国家の軌跡』新潮選書。

【編者・執筆者紹介】

待鳥聡史（まちどり・さとし）＊序章、第七章執筆
京都大学大学院法学研究科博士後期課程退学、博士（法学）。現在、京都大学大学院法学研究科教授。主著として、『首相政治の制度分析』（千倉書房・2012年）、『代議制民主主義』（中央公論新社・2015年）、『政治改革再考』（新潮社・2020年）、『統治のデザイン』（共編著、弘文堂・2020年）など。

宇野重規（うの・しげき）＊第四章、終章執筆
東京大学大学院法学政治学研究科博士課程修了、博士（法学）。現在、東京大学社会科学研究所教授。主著として、『政治哲学へ――現代フランスとの対話』（東京大学出版会・2004年、増補新装版2019年）、『トクヴィル　平等と不平等の理論家』（講談社・2007年、学術文庫版・2019年）、『民主主義とは何か』（講談社・2020年）など。

苅部　直（かるべ・ただし）＊第一章執筆
東京大学大学院法学政治学研究科博士課程修了、博士（法学）。現在、東京大学法学部教授。主著として、『丸山眞男――リベラリストの肖像』（岩波新書・2006年）、『光の領国　和辻哲郎』（岩波現代文庫・2010年）、『基点としての戦後――政治思想史と現代』（千倉書房・2020年）、『小林秀雄の謎を解く』（新潮選書・2023年）など。

趙　星銀（ちょ・さんうん）＊第二章執筆
東京大学大学院法学政治学研究科博士課程修了、博士（法学）。現在、明治学院大学国際学部准教授。主著として『「大衆」と「市民」の戦後思想――藤田省三と松下圭一』（岩波書店・2017年）、「清水幾太郎と「危機」の20世紀――「流言蜚語」から「電子計算機」まで」『思想』1153号（岩波書店・2020年）など。

山本昭宏（やまもと・あきひろ）＊第三章執筆
京都大学大学院文学研究科現代文化学専攻二十世紀学専修博士後期課程修了、博士（文学）。現在、神戸市外国語大学准教授。主要著作として、『核と日本人：ヒロシマ・ゴジラ・フクシマ』（中央公論新社・2015年）、『戦後民主主義――現代日本を創った思想と文化』（中公新書・2021年）、『残されたものたちの戦後日本表現史』（青土社・2023年）など。

徳久恭子（とくひさ・きょうこ）＊第五章執筆
大阪市立大学大学院法学研究科博士課程修了、博士（法学）。現在、立命館大学法学部教授。主著として、『日本型教育システムの誕生』（木鐸社・2008年）、『縮小都市の政治学』（共編著、岩波書店・2016年）、『統治機構改革は教育をどう変えたか』（共編著、ミネルヴァ書房・2025年［近刊］）など。

青木栄一（あおき・えいいち）＊第六章執筆
東京大学大学院教育学研究科博士課程修了、博士（教育学）。現在、東北大学大学院教育学研究科教授。主著として、『教育行政の政府間関係』（多賀出版・2004年）、『地方分権と教育行政――少人数学級編制の政策過程』（勁草書房・2013年）、『文部科学省の解剖』（編著、東信堂・2019年）、『文部科学省――揺らぐ日本の教育と学術』（中央公論新社・2021年）、『アメリカ教育例外主義の終焉――変貌する教育改革政治』（監訳、東信堂・2021年）など。

【編者】
待鳥聡史　京都大学大学院法学研究科教授
宇野重規　東京大学社会科学研究所教授

〈やわらかい近代〉の日本
――リベラル・モダニストたちの肖像

2025（令和7）年1月30日　初版1刷発行

編　者　待鳥聡史・宇野重規
発行者　鯉渕　友南
発行所　株式会社　弘 文 堂　101-0062　東京都千代田区神田駿河台1の7
TEL 03(3294)4801　振替 00120-6-53909
https://www.koubundou.co.jp

装　　丁　宇佐美純子
印刷・製本　株式会社ブックグラフィカ

ISBN978-4-335-46046-3